Que voz ouvir?

Série IDP/Saraiva
Conselho Científico

Centro de Direito, Internet e Sociedade do Instituto Brasileiro de Ensino, Desenvolvimento e Pesquisa – CEDIS/IDP

Teresa Helena Barros Sales

Que voz ouvir?

Uma análise da teoria da sociedade aberta de Häberle e a atuação do *amicus curiae*

2021

saraiva jur

SÉRIE idp INSTITUTO BRASILEIRO DE ENSINO, DESENVOLVIMENTO E PESQUISA | LINHA Pesquisa Acadêmica saraiva EDUCAÇÃO | saraiva jur

Av. Paulista, 901, Edifício CYK, 3º andar
Bela Vista – SP – CEP 01310-100

SAC | sac.sets@saraivaeducacao.com.br

Diretoria executiva	Flávia Alves Bravin
Diretoria editorial	Renata Pascual Müller
Gerência editorial e de projetos	Fernando Penteado
Planejamento	Josiane de Araujo Rodrigues
Novos projetos	Sérgio Lopes de Carvalho Dalila Costa de Oliveira
Gerência editorial	Isabella Sánchez de Souza
Edição	Deborah Caetano de Freitas Viadana
Produção editorial	Daniele Debora de Souza (coord.) Luciana Cordeiro Shirakawa
Arte e digital	Mônica Landi (coord.) Camilla Felix Cianelli Chaves Claudirene de Moura Santos Silva Deborah Mattos Guilherme H. M. Salvador Tiago Dela Rosa
Projetos e serviços editoriais	Daniela Maria Chaves Carvalho Kelli Priscila Pinto Marília Cordeiro Nicoly Wasconcelos Razuk
Diagramação	Claudirene de Moura Santos Silva
Revisão	Viviane Oshima
Capa	Deborah Mattos
Produção gráfica	Marli Rampim Sergio Luiz Pereira Lopes
Impressão e acabamento	

DADOS INTERNACIONAIS DE CATALOGAÇÃO NA PUBLICAÇÃO (CIP)
VAGNER RODOLFO DA SILVA - CRB-8/9410

S163q Sales, Teresa Helena Barros

Que voz ouvir? Uma análise da teoria da sociedade aberta de Häberle e a atuação do amicus curiae / Teresa Helena Barros Sales. – São Paulo : Saraiva Educação, 2021.
134 p. – (Série IDP - Linha Pesquisa Acadêmica)

ISBN: 978-65-5559-804-9

1. Direito. 2. Direito Constitucional. 3. Direito Processual Civil. 4. CPC/2015. 5. Hermenêutica Jurídica. I. Título. II. Série.

2021-1547 CDD 340
CDU 34

Índices para catálogo sistemático:

1. Direito 340
2. Direito 34

Data de fechamento da edição: 21-6-2021

Dúvidas? Acesse www.editorasaraiva.com.br/direito

CL 607153 CAE 773194

Dedico este trabalho ao meu avô, que, infelizmente, nos deixou ao longo da escrita desta pesquisa. Ouço sua voz todos os dias me incentivando a lutar. Continuarei. Por você, por nós, pelo nosso grupo.

Agradecimentos

Um trabalho acadêmico é, por vezes, árduo e, sempre, solitário. Embora tenhamos apoio de muitos, cabe apenas a nós mesmos a missão de escrever, ler, estudar, revisar, chorar, sofrer, ouvir as críticas, recomeçar. Bem verdade que ninguém fará isso por nós, mas existem certas pessoas ou, por que não chamar, anjos, escolhidos a dedo por Deus para nos auxiliar ao longo da trajetória. A Ele, sempre, toda honra por essas minhas pequenas conquistas.

Meus agradecimentos são direcionados, antes de tudo, aos meus pais. Janaina e Hilário, as razões da minha vida, obrigada por sonharem comigo, por priorizarem minhas escolhas e trabalharem diariamente para que eu pudesse estudar. Obrigada, mamãe, por me levar para comprar meus materiais desde o infantil lá em Bacabal e nunca ter me negado nenhum livro. Esse trabalho é fruto, também, dessas leituras iniciais. Papai, obrigada por nunca medir esforços para concretizar meus objetivos e por entender, mesmo sem concordar, todas as vezes que eu disse que tu terias uma filha professora. Aqui se inicia esse sonho e vocês continuam sendo a razão de tudo!

Às minhas irmãs, Yara e Fafá, que sempre alegram os dias tristes e me fazem acreditar que o melhor ainda vai chegar. E nosso melhor acabou chegando durante a escrita deste trabalho: Larinha! Minha sobrinha já tão amada, registro aqui a felicidade que foi ganhar você em um período tão difícil. Sua pureza, mesmo que inconsciente, me motiva a trabalhar por um mundo melhor.

Gabriel, meu cunhado e irmão, obrigada por ouvir meus dramas ao longo das madrugadas, por vibrar com cada parágrafo escrito, organizar minhas tabelas e por ser, simplesmente, você. Sem entender qualquer coisa de processo ou escrita acadêmica, lia tudo que eu escrevia e tinha os melhores comentários para me incentivar. Meu ombro amigo, meu apoio, meu ponto de felicidade e eterna alegria, muito obrigada!

Mãelena, Vovô Haroldo, Vózinha Fafá, vocês são verdadeiras inspirações e sempre acreditaram na minha capacidade. Titia Érica, Tio Henrique, Tio Wheyma, obrigada pelas risadas diárias no nosso grupo e por sempre participarem das minhas conquistas.

Registro um agradecimento especial à grande responsável pela realização desse mestrado, minha tia Sélia. Esse sonho só foi possível porque você não mediu esforços para me proporcionar toda estrutura necessária em Teresina, junto com João e Bruno. Um simples *obrigada* nunca será suficiente por tudo que vocês fizeram ao longo dos últimos dois anos. Agradeço pelo carinho, pelas conversas, pelos lanchinhos sem lactose e por nunca me deixarem na mão. Tenho com vocês uma dívida eterna!

Aos meus primos, Leo e Yasmim, que sempre torcem pelas minhas conquistas e vibram com cada realização. Este trabalho tem um pouco de vocês também!

Ao meu orientador, Prof. Dr. Paulo Gonet Branco, muito obrigada! Sua paciência é apenas mais uma das infinitas qualidades facilmente descobertas em alguns minutos de conversa. Obrigada por me receber em Brasília, por acreditar neste projeto e por ter aceitado me orientar quando tudo isso ainda estava no plano das ideias. Espero que nossa parceria renda bons frutos adiante!

A minha coorientadora, Heliane Fernandes ou, para mim, apenas Mami. Bem sabes que és meu presente desde 2015 e não poderia ter sido acompanhada por alguém mais competente. Obrigada por acreditar no meu potencial, nos meus sonhos, por dividir as frustrações e por ser sempre construtiva em todas as colocações. Nossa relação sempre foi além dos muros da faculdade e quero cultivá-la ao longo da vida!

A minha professora de metodologia logo no início do curso, Prof. Dra. Luciana Garcia, seus ensinamentos foram essenciais para o desenvolvimento dessa pesquisa. Obrigada pelo olhar calmo, honesto, crítico e sempre positivo sobre meu tema. Minha admiração só cresce!

Ainda, entre os mais importantes dentro do meu coração, figura meu amor, a quem, involuntariamente, chamo de vida. Semião, nenhuma palavra expressa a felicidade que nosso relacionamento me traz todos os dias. Obrigada pela paciência, pelo apoio e por me dizer diariamente que eu era teu orgulho. No fundo, orgulhosa sou eu, por ter alguém tão único para chamar de namorado, amor, parceiro, vida.

Em tempo, registro um superobrigada às minhas melhores amigas e que acompanharam toda a construção desta dissertação e desta ideia lá na época da graduação. Thamis, Ju Hachem, Déa, Isa e Amandinha, sou muito feliz por compartilhar meus últimos 10 anos com pessoas tão especiais.

Mari (ou, para mim, Mamah), minha maranhense-paulista, obrigada por não medir esforços para participar de todos os momentos importantes. Dividimos o sonho do mestrado juntas e espero dividir todas as conquistas ao longo da vida!

Bruna, meu pedacinho de doidice, teus vácuos diários eram sempre um ponto de partida para começar infinitas risadas que alegravam meu dia. Obrigada por existir, pela autenticidade e por sempre apoiar minhas conquistas!

Aqui, preciso lembrar da minha Xu. Minha irmã, companheira e parceira de tantos momentos incríveis na graduação. É enorme a saudade que sinto da nossa convivência diária, mas, mesmo do outro lado do continente, sinto teu amor e preocupação comigo e minha família. Tem um pouco de ti na minha pesquisa também!

Aos meus miguxos do coração, Camis, May, Jv e Rapha, vocês são peças fundamentais em qualquer conquista minha. Nenhum agradecimento é suficiente. Obrigada por abraçarem minhas ideias, acreditarem na minha capacidade e por sonharem junto comigo todos os dias! Talvez sem perceber, vocês me impediram de desistir dessa caminhada quando tinham sempre palavras carinhosas e de incentivo nos momentos difíceis.

Não esqueço, é claro, da minha dupla. Renan, nossa parceria se iniciou em 2014 e desde lá seguimos colhendo bons frutos profissionais e acadêmicos. Mas, a melhor parte disso é nossa amizade. Obrigada por sempre topar minhas ideias, sou muito feliz por te ter na vida!

Aos meus amigos (ou pais) Fefi e Arnoldi. Palavras de agradecimento são sempre pequenas perto da quantidade de coisas pelas quais sou grata a vocês. Obrigada por, mesmo não concordando com as minhas mil atividades, serem sempre um ponto de calma e alento. Não chegaria aqui sem o apoio de vocês!

Não posso deixar de dedicar um parágrafo ao meu melhor amigo de militância. Com quem dividi tantos momentos incríveis e sigo compartilhando o sonho por um país melhor. Victor (meu susu), obrigada! Te agradeço por, além de tudo, nunca ter deixado de acreditar em mim e me defender diante de qualquer situação. Te amo tanto que não consigo explicar! Tem um pouco de ti e de todas as nossas (infinitas) conversas e problematizações nessa pesquisa.

Um obrigada especial a uma das minhas melhores amigas, quem está ao meu lado desde os meus 12 anos e que compartilhou essa jornada de mestrado em outro estado junto comigo: minha Lalax. Laura, nossa amizade é um presente de Deus e te ter ao meu lado foi essencial para concluir essa etapa da minha vida. Obrigada por chorar e sorrir comigo, por dividir lanches, corridas de Uber, visitas aos locais de móveis de casamento e por nunca me negar o último cafezinho do intervalo. Sou tua amiga, irmã, madrinha e, sempre, parceira!

Aos meus colegas de sala, Amandinha e Gab, ter conhecido vocês durante o processo de mestrado foi uma boa surpresa. Sou imensamente feliz pelos nossos almoços, trabalhos, pelas conversas e por saber que posso contar com nossa amizade a qualquer tempo!

Encerro aqui meus agradecimentos deixando algo ensinado por meu avô, Luiz Osmani (*in memoriam*). Perder você, durante o processo de escrita, foi demasiadamente doloroso e difícil. Mas levo no coração seu desejo de continuar lutando e faço deste trabalho o início de mais uma luta. A luta pela democratização do processo, pela ampliação dos debates, pela igualdade dentro do Poder Judiciário!

Agradeço, por fim, a todos os meus colegas do MINTER (eu amei essa conexão Teresina-Brasília-São Luis!) e à fantástica equipe do IDP, na pessoa de Fernando, nosso querido coordenador. Obrigada por nos acompanhar desde o seletivo, pela paciência com nossos (infinitos!) questionamentos e por ser sempre um referencial de educação e gentileza!

Aos que estiveram envolvidos, direta ou indiretamente, dentro deste processo: meu muito obrigada! Levo todos no coração.

Sumário

Apresentação

O presente trabalho discute diversos elementos positivados no Código de Processo Civil de 2015 (CPC) e relaciona esses novos instrumentos com uma pesquisa empírica e o marco teórico de Peter Häberle em *A sociedade aberta dos intérpretes da Constituição.*

A ideia é, primeiramente, discutir as inovações trazidas pelo CPC/2015, destacando a importância de adequar a legislação processual ao novo contexto social e, principalmente, as garantias trazidas já na Constituição Federal de 1988. Para compreender essa relação, delimitou-se o estudo entre dois instrumentos importantes para democratizar os debates, são eles: o incidente de resolução de demandas repetitivas (IRDR) e o incidente de assunção de competência (IAC).

Esses incidentes, quando instaurados, funcionam como mecanismos de ampliação da cognição e de uniformizadores de jurisprudência. Isso porque as teses firmadas podem ser consideradas modelos para diversos outros processos e direcionam o entendimento dos Tribunais sobre determinados assuntos.

É nesse ponto de ampliação da participação dentro dos processos que uma figura positivada também no CPC/2015 ganha destaque: o *amicus curiae.* E, para aprofundar os estudos sobre essa nova modalidade de terceiros, buscou-se revisar a teoria proposta por Peter Häberle, em que, para o autor, os destinatários da lei possuem legitimidade para interpretá-la. É dentro desse contexto que se compreende a importância de dar voz aos grupos através das manifestações dos *amici curiae* e se buscou estudar como eles podem influenciar nas decisões com suas intervenções.

A partir desses elementos, realizou-se uma pesquisa empírica dentro do Tribunal de Justiça de todos os incidentes instaurados entre 2015 e 2020, para verificar, na prática, como ocorrem as intervenções dos *amici curiae* e como o ingresso desses terceiros nos processos pode trazer mais qualidade para as decisões.

Trata-se de um trabalho científico que mescla aspectos teóricos e práticos, a partir de uma vasta análise de processos e extensa revisão bibliográfica de renomados autores do meio jurídico. O objetivo da presente escrita não foi apenas discutir as inovações do CPC/2015, mas, sobretudo, compreender, na prática, a importância de uma legislação adequada à Constituição Federal e aberta à participação como forma de legitimar as decisões judiciais.

Introdução

Em março de 2015, após mais de cinco anos de discussões no Poder Legislativo, editou-se a Lei n. 13.105, que dispunha sobre o novo Código de Processo Civil. É nesse contexto que se desenvolve o presente trabalho, pois possui como tema central a avaliação das alterações trazidas pelo CPC/2015 e suas repercussões dentro do Poder Judiciário e para os diversos grupos sociais que buscam ter sua participação ampliada e suas vozes ouvidas quando as questões que defendem são colocadas em discussão.

No que diz respeito ao CPC/2015, o ponto de partida da pesquisa se deu a partir das inovações no âmbito das modalidades de intervenção de terceiros. Diferente do CPC/73, positivou-se a figura do *amicus curiae* como um terceiro atípico e com poderes distintos dos demais. A partir disso, percebeu-se o tom democrático e participativo que o legislador tentou adotar para o sistema processual brasileiro. Tal ideia é, também, corroborada pelo segundo indicativo estudado: os precedentes judiciais.

A relação entre eles se estabelece quando se abre a possibilidade para que um terceiro possa intervir nos processos trazendo novas informações e manifestações de entidades e grupos sociais que não eram partes do processo judicial, mas podem sofrer consequências de uma decisão dos tribunais. Assim, questiona-se: seria essa atuação uma forma de qualificar os debates e auxiliar os magistrados? Ainda, existindo essa ampliação de participação, poderia se ter precedentes mais legítimos ou adequados?

Nessa linha, para realizar a referida análise, parte-se do marco teórico proposto por Peter Häberle (2002), em seu livro *A sociedade aberta dos intérpretes da Constituição*. A ideia do autor é que todos os destinatários das leis possuem legitimidade para interpretá-la. Assim sendo, o Poder Judiciário deveria ser mais aberto para receber essas pessoas e suas manifestações sobre as questões ali postas em forma de litígio. Nesse contexto, o trabalho busca se aprofundar nessa teoria e relacioná-la com os novos mecanismos democráticos previstos no CPC/2015.

Para isso, parte-se da seguinte inquietação: de que maneira a atuação do *amicus curiae* pode contribuir para a formação de precedentes mais qualificados a partir das informações trazidas e da ampliação da participação dos grupos sociais?

Inicialmente, aventa-se a hipótese de que o *amicus*, embora já seja uma modalidade de intervenção presente em algumas legislações e entendimentos jurisprudenciais, ainda não está sendo admitido de forma adequada nos processos, e sua atuação, apesar de possuir um grande potencial, ainda não é vista como significativa para qualificação das decisões judiciais.

O objetivo geral do trabalho é avaliar, a partir da análise do marco teórico da ampliação dos intérpretes da Constituição de Häberle e da mudança do Código de Processo Civil, a participação do *amicus curiae* e sua aptidão para formação de precedentes qualificados nos processos tramitando no Tribunal de Justiça do Estado do Maranhão. Essa delimitação regional se deu por já existirem pesquisas sobre a qualidade da intervenção dos *amici curiae* nos Tribunais Superiores[1], então, entendeu-se como importante a compreensão dessa figura dentro de um Tribunal Estadual.

Nesse ponto, válido ressaltar que a teoria de Peter Häberle remete a uma pluralidade de interpretações da Constituição. Entre-

---

1 Sobre a pesquisa: FERREIRA, Débora Costa. **De quem a corte quer ser amiga?:** análise estratégica da funcionalidade do *amicus curiae*. 2017. 119 f. Dissertação (Mestrado Acadêmico em Direito Público) – Instituto Brasiliense de Direito Público. Brasília: IDP/ EDB, 2017.

tanto, a pesquisa parte da análise de uma legislação infraconstitucional, qual seja, o Código de Processo Civil de 2015. Assim, a partir dessas premissas, buscou-se compreender como a ampliação da interpretação da Constituição proposta por Häberle pode ser feita, também, para outros diplomas legais.

Dessa forma, tem-se como objetivos específicos: i) analisar os requisitos para formação de precedentes qualificados e a importância de sua uniformização a partir do CPC/2015; ii) relacionar a teoria da sociedade aberta dos intérpretes com o instituto do *amicus curiae* e suas repercussões na dinâmica do judiciário; e, por fim, iii) estudar, a partir da teoria de análise argumentativa proposta por Manuel Atienza (2017), o conteúdo do *amicus curiae* nas decisões proferidas no Tribunal de Justiça do Estado do Maranhão desde a vigência do CPC/2015.

Pretende-se, para tanto, investigar o instituto do *amicus curiae* e como sua atuação pode contribuir para formação de precedentes. Dessa forma, foi feita uma pesquisa empírica das decisões proferidas em incidentes de resolução de demandas repetitivas e de assunção de competência para analisar como o Tribunal de Justiça do Estado do Maranhão vem entendendo a importância e necessidade do *amicus curiae* para ampliação da interpretação das normas constitucionais e infraconstitucionais.

A delimitação desses dois instrumentos foi feita, primeiro, por eles terem sido positivados somente no CPC/2015 e por funcionarem como mecanismos de ampliação da cognição do Poder Judiciário e de uniformização da jurisprudência. Sendo, portanto, importantes elementos a serem relacionados com *amicus curiae* para uma análise aprofundada sobre a efetividade desses instrumentos nos últimos anos.

A relevância desse trabalho, inicialmente, se faz no âmbito social, tendo em vista que as alterações legislativas afetam toda coletividade e é preciso investigar o assunto para compreender sua eficácia e a repercussão nas questões sociais e processuais. Ainda, se faz necessário estudar sobre as novas técnicas processuais para que, na prática, a sociedade possa reivindicar a garantia de princípios constitucionais, tais como: a isonomia e a segurança jurídica.

Dessa forma, compreender os elementos que constituem a intervenção do *amicus* e analisar sua aptidão para formação de precedentes, a partir do marco teórico constitucional, é essencial para o desenvolvimento do tema e para o próprio entendimento do que ocorrerá ao longo dos próximos anos com o CPC/2015.

Como metodologia, o presente trabalho científico será elaborado utilizando-se do levantamento de referenciais teóricos, constituídos pela leitura de artigos disponíveis na internet, legislação e livros doutrinários, sendo, portanto, bibliográfica e exploratória (GIL, 2002). Ainda, por se tratar de uma pesquisa empírica, pois o último capítulo dedica-se a uma análise de decisões do Tribunal de Justiça do Estado do Maranhão, a abordagem do problema seguirá uma metodologia qualitativa, a partir da teoria de análise argumentativa (ATIENZA, 2017), porque o estudo buscará comparar o teor das decisões com a manifestação dos *amici curiae* no processo e, a partir disso, verificar se há contribuições relevantes e possibilidade de formação de precedentes mais qualificados.

Estruturalmente, o trabalho está dividido em três capítulos. No primeiro capítulo, pretende-se trazer uma discussão sobre a alteração do CPC/2015 e a ampliação dos mecanismos de interpretação da lei, dando enfoque aos procedimentos mais democráticos que foram positivados, como os incidentes processuais de resolução de demandas repetitivas e o de assunção de competência, demonstrando como esses incidentes podem trazer mais segurança jurídica em determinados litígios. Nesse contexto, o capítulo é dedicado a exploração desses mecanismos e da relação com a importância dada pela legislação aos precedentes, bem como da obrigatoriedade de sua observância pelos juízes.

No segundo capítulo, abordam-se as características e natureza jurídica do *amicus curiae*. Começando por uma breve retomada da mudança ocorrida no CPC/73 para o CPC/2015, ressaltando que o Código de 2015 traz novas ferramentas para intervenção no processo (os terceiros) e para buscar a uniformização de jurisprudência. E, para discutir a problemática da pesquisa, nesse ponto, será debatida a teoria da sociedade aberta dos intérpretes da Constituição, de Peter Häberle, trazendo aspectos importantes, um pouco de direito comparado e a possibilidade de estender a ampliação dessa interpretação proposta pelo autor a outros dispositivos legais. O objetivo é entendê-la e relacioná-la com a figura do *amicus curiae* dentro de uma legislação infraconstitucional.

Com o terceiro capítulo, busca-se compreender, a partir de uma pesquisa jurisprudencial utilizando a metodologia da teoria de análise argumentativa, se realmente o *amicus curiae* tem aptidão para formação de precedentes e condão para influenciar nas decisões dos juízes. Assim, realizou-se uma análise da intervenção dessa figura nos processos em que foram instaurados os incidentes de assunção de competência e de resolução de demandas repetitivas dentro do Tribunal de Justiça do Estado do Maranhão. A ideia era, inicialmente, analisar a participação do instituto nos processos, quantificá-los e analisar qualitativamente a sua participação. De forma objetiva, se influenciaram ou não na tomada de decisão por parte dos desembargadores do TJ/MA.

Nesse contexto, a presente pesquisa discute as possibilidades de aprimoramento do sistema processual brasileiro perpassando, sobretudo, a uniformização da jurisprudência. O CPC/2015 vem exatamente com essa ideia de propor sistemas que tragam mais celeridade para o processo e, concomitantemente, permita que as decisões sejam fundamentadas da forma mais adequada e justa para as partes. Assim, analisar-se-á a efetividade desses instrumentos e a possibilidade de concretização de uma sociedade aberta, plural e mais democrática.

1

O Código de Processo Civil de 2015: a ampliação dos mecanismos de interpretação da lei e a busca por procedimentos mais democráticos

Entre as diversas alterações legislativas dos últimos anos, pode-se encaixar a Lei n. 13.105/2015, que traz um novo Código de Processo Civil, entre as mais importantes. Tinha-se, anteriormente, uma legislação processual de 1973, portanto, anterior à própria Constituição Federal de 1988. Sendo assim, a ideia principal da mudança era adequar as normas processuais aos princípios fundamentais garantidos na Carta Magna de 88.

O Brasil possui uma estrutura judiciária extremamente codificada, dividida e específica. As justiças são especializadas por competências, há legislação para tentar abarcar todas as situações e diversas instâncias que recebem diariamente inúmeros recursos e apelos, o que faz com que certos litígios percorram vários Tribunais e perdurem por anos.

André Muszkat (2018, p. 32) afirma que "ainda que o Poder Judiciário seja único, a estrutura judiciária brasileira é difusa, o que acaba por permitir que um mesmo tema seja conhecido e julgado por diversos magistrados, em regiões com culturas extremamente diferentes e realidades absolutamente díspares e em mais de um grau de jurisdição".

É com o objetivo de diminuir essas disparidades e garantir mais segurança e estabilidade as decisões emanadas do Judiciário que se promulga o CPC/2015 com diversas normas que visam equilibrar as relações entre as partes, juízes, advogados e toda sociedade civil.

A alteração da legislação processual não busca apenas garantir celeridade e uma melhor administração da justiça. A problemática não deve se limitar somente a tão criticada lentidão do Poder Judiciário. A ideia é, precipuamente, criar mecanismos de proteção a todos os direitos, e isso se faz adotando meios de acesso ao sistema de forma igual e justa.

O CPC/2015 entra em vigor com a missão de garantir a efetiva prestação jurisdicional, através da desburocratização dos procedimentos e do aumento de participação de todos os entes da sociedade civil, seja através da instauração de incidentes coletivos, das novas modalidades de intervenção de terceiros, ou da obrigatoriedade de observância dos precedentes.

Segundo Yuri Rocha (2017, p. 82):

> Este novo Código promove uma significativa mudança no processo de tomada de decisão judicial no direito brasileiro ao aumentar as hipóteses de decisões vinculantes através da criação de um microssistema de litigiosidade repetitiva, bem como amplificar a força dos precedentes judiciais no ordenamento jurídico brasileiro. O intuito dessas modificações é bastante claro: reforçar a segurança jurídica no sistema judicial brasileiro através de uma uniformização das decisões orientadas pela estabilidade, integridade e coerência da jurisprudência nacional.

É na busca pela segurança jurídica e por adoção de novos mecanismos que podem garantir mais estabilidade às decisões judiciais que o CPC/2015 traz novas balizas dentro do processo de interpretação e aplicação das leis. A ideia, portanto, é se afastar de um sistema predominantemente legalista, garantindo, assim, mais coerência, integridade e qualidade na atividade jurisdicional.

Ravi Peixoto (2015, p. 37) afirma que:

A partir do reconhecimento do aumento de complexidade da sociedade, aumentam também os seus interesses exigidos por meio do Estado, em que cada grupo ou estrato social almeja uma regulação específica. Os interesses dos inúmeros agentes populares também são mutáveis e devem se compatibilizar com as outras forças existentes, que têm sua capacidade de influência nos poderes estatais flutuante.

Ainda, o autor continua falando que a resposta estatal para o aumento dessa complexidade é a produção legislativa. E, de acordo com ele, "essa espécie de atuação normativa dificulta a atuação daqueles a ela sujeitos, que, além de enfrentar a dificuldade em identificar qual o direito aplicável a sua situação, ainda passam a lidar com textos normativos que, apesar de válidos, são ineficazes" (PEIXOTO, 2015, p. 37).

Nesse ponto, com aumento de produções legislativas, o material que chega aos Tribunais torna-se ainda mais complexo. Segundo Ravi Peixoto (2015, p. 40), a consequência disso é que "ocorre que esse fluxo incessante de novos textos normativos aumenta a dificuldade do seu adequado manejo". É dentro dessa problemática que Marinoni coloca a importância do fortalecimento do Estado através da concretização do princípio da segurança jurídica. O autor explica que:

> O cidadão precisa ter segurança de que o Estado e os terceiros se comportarão de acordo com o direito e de que os órgãos incumbidos de aplicá-lo o farão valer quando desrespeitado. Por outro lado, a segurança jurídica também importa para que o cidadão possa definir o seu próprio comportamento e as suas ações. O primeiro aspecto demonstra que se trata de garantia em relação ao comportamento daqueles que podem contestar o direito e têm o dever de aplicá-lo; o segundo quer dizer que ela é indispensável para que o cidadão possa definir o modo de ser das suas atividades (MARINONI, 2010, p. 2).

Dessa forma, o CPC/2015 busca, através de suas disposições normativas de valorização de precedentes e ampliação da participação de terceiros, maximizar a garantia desse princípio, aumentando a confiança da população no Poder Judiciário e na própria democracia. Isso porque:

Em outra perspectiva, a segurança jurídica reflete a necessidade de a ordem jurídica ser estável. Esta deve ter um mínimo de continuidade. E isso se aplica tanto à legislação quanto à produção judicial, embora ainda não haja, na prática dos tribunais brasileiros, qualquer preocupação com a estabilidade das decisões. Frise-se que a uniformidade na interpretação e aplicação do direito é um requisito indispensável ao Estado de Direito (MARINONI, 2010, p. 3).

Nessa linha, pode-se falar, a título de exemplo, que a valorização dos meios consensuais de solução de conflitos foi algo extremamente importante e vem trazendo profundas modificações dentro do Poder Judiciário nos últimos cinco anos. Cada vez mais, as justiças especializadas incentivam a conciliação e mediação para dirimir litígios e, com isso, permitem o protagonismo das partes. Aumenta-se, assim, a legitimidade de qualquer decisão, vez que tomada, exclusivamente, por quem tem melhor conhecimento da causa discutida: os que nela estão envolvidos.

De igual forma, buscou-se garantir a celeridade através do julgamento de casos repetitivos e do incidente de assunção de competência, que serão devidamente abordados a seguinte. Demonstrou-se, assim, a intenção de se alterar a dinâmica do judiciário brasileiro, a partir de um paradigma mais democrático e participativo, adotando mecanismos que podem ampliar os debates e trazer decisões mais fundamentadas e contextualizadas com as situações. Ainda nesse ponto, sabe-se que o CPC/2015 trouxe como uma das mais importantes alterações a obrigatoriedade de fundamentar as decisões e observar os precedentes. Evitam-se, então, as decisões divergentes dentro dos tribunais que interpretam o mesmo objeto.

Nesse contexto, o que se tem é um quadro de tentativas do legislador, em conjunto com o Poder Judiciário, para tentar diminuir o abismo criado entre os jurisdicionados, ou seja, destinatários da lei que tanto se socorrem das instituições jurídicas para ver seus direitos garantidos. É de se falar, portanto, que mecanismos de participação popular, procedimentos que garantem previsibilidade e instrumentos utilizados para garantir a razoável duração do processo serão sempre bem recebidos e devem ser maximizados.

Sobre isso, Matheus Barreto Gomes (2009, p. 136) sustenta que:

> O Poder Judiciário nesta função não deve jamais distanciar-se do papel de ser o protetor de um processo de criação democrática do direito, deve-se, portanto, respeitar procedimentos democráticos em que sejam consideradas as opiniões/posições e formações políticas dos integrantes de uma sociedade, que, naquele momento, são sujeitos processuais, ainda que representados. É dizer, os cidadãos devem ver-se a si próprios não apenas como destinatários, mas também como autores do seu direito, devem, pois, reconhecerem-se como membros livres e iguais de uma comunidade jurídica, sabedores, de antemão, ser o processo o palco para a busca da implementação de diversas garantias/direitos democráticos.

Dessa forma, inicialmente, o presente trabalho discutirá pontos específicos sobre os procedimentos que passaram a ser disciplinados com o CPC/2015 para se compreender a importância da ampliação da participação popular, bem como a necessidade de aproximar a sociedade civil das instâncias do Poder Judiciário.

1.1 AS NOVAS COMPETÊNCIAS DO CPC/2015: A UNIFORMIZAÇÃO DE JURISPRUDÊNCIA

Faz-se válido compreender o caráter mandamental apresentado de forma inédita no CPC/2015, que dispõe já em seu art. 926 que "os tribunais devem uniformizar sua jurisprudência e mantê-la estável, íntegra e coerente" (BRASIL, 2015). Não se trata de uma faculdade do juiz, a lei dispõe que a jurisprudência precisa ser uniforme, sendo, portanto, uma maneira de garantir a isonomia entre as partes, vez que litígios semelhantes deverão ser resolvidos da mesma forma, respeitando o que já foi decidido outras vezes.

Fredie Didier Jr. (2015, p. 117) pondera que tal previsão são diretrizes gerais que decorrem "de um conjunto de normas constitucionais: dever de motivação, princípio do contraditório, princípio da igualdade e segurança jurídica". Ou seja, há uma "consagração legislativa explícita diretamente sobre o comportamento exigido dos tribunais na atividade de elaboração e desenvolvimento de um direito judicial".

É preciso entender, nesse contexto, que a obrigatoriedade de uniformização da jurisprudência é perpassada pela ideia de que o tribunal precisa se manifestar sobre qualquer divergência interna, não se admitindo, assim, omissões sobre a mesma questão jurídica, pois é preciso uniformizar o entendimento sobre o assunto (DIDIER JR., 2015).

O art. 926, em seus dois parágrafos, explica o caminho para essa unicidade de decisões, quais sejam o dever de editar "enunciados de súmula correspondentes a sua jurisprudência dominante", nos termos do regimento interno de cada tribunal e, ao fazerem isso, precisam "ater-se às circunstâncias fáticas dos precedentes que motivaram sua criação" (BRASIL, 2015).

Nesse ponto, Didier Jr. (2015, p. 117) afirma que o tribunal precisa ser fiel "à base fática a partir da qual a jurisprudência sumulada foi construída" para que se preserve "o caráter de concretude do direto judicial que se constrói". Ou seja, os enunciados precisam observar atentamente o caso concreto, sem criações abstratas e fora de contexto.

Ainda, além disso, é preciso se manter uma jurisprudência estável, coerente e íntegra. Mais uma vez, ressalta-se a intenção de evitar mudanças infundadas que podem prejudicar uma grande quantidade de pessoas que estão confiando em determinados precedentes.

Por outro lado, Lenio Streck (2015, p. 40) critica o termo afirmando que:

> A estabilidade é diferente da integridade e da coerência do Direito, pois a "estabilidade" é um conceito autorreferente, isto é, em relação direta com os julgados anteriores. Já a integridade e a coerência guardam um substrato ético-político em sua concretização, isto é, são dotadas de consciência histórica e consideram a facticidade do caso.

Válido ressaltar nesse ponto que foi sugestão do próprio autor a redação do dispositivo colocando os termos *coerência* e *integridade* ao lado de *estabilidade*. O motivo é simples. Para ele, a colocação das palavras de forma adequada terá o significado almejado dentro de uma relação processual, ou seja:

(...) significa dizer que, em casos semelhantes, deve-se proporcionar a garantia da isonômica aplicação principiológica. Haverá coerência se os mesmos princípios que foram aplicados nas decisões o forem para os casos idênticos; mas, mais do que isto, estará assegurada a integridade do direito a partir da força normativa da Constituição (STRECK, 2015).

Isso não quer dizer, por outro lado, que o juiz não pode modificar seus entendimentos. Tal atitude, a depender do caso concreto, é essencial para um melhor resultado. Entretanto, essa mudança precisa ser devidamente justificada e modulada, garantindo, assim, o princípio constitucional da segurança jurídica.

Para analisar a garantia da integridade e coerência prevista[1], basta trazer o que Didier Jr. (2015, p. 121) afirma ser premissa básica: "o dever de coerência e o dever de integridade servem ao atingimento de um fim: a jurisprudência há de ser consistente. É preciso extrair desse dispositivo do CPC/15 o dever de o tribunal produzir uma jurisprudência consistente".

Sobre isso:

(...) a coerência e a integridade são pressupostos para que a jurisprudência possa ser universalizada, possa ser legitimamente aplicada a outros casos semelhantes. É da essência de um sistema de precedentes construídos de forma racional e não autoritária que eles sejam universalizáveis. Não é legítimo universalizar o que não é íntegro ou coerente (DIDIER JR., 2015, p. 122).

De igual forma, Streck (2015, p. 41) escreve que:

A integridade exige que os juízes construam seus argumentos de forma integrada ao conjunto do direito. Trata-se de uma garantia

1 Nesse ponto, para maiores esclarecimentos conceituais, Ronald Dworkin traz, de forma geral, uma teoria firmada em princípios a partir dos conceitos de integridade e coerência. A ideia dele era de que seria necessário afastar a mera legalidade do positivismo e adotar o pensamento de que o Direito não pode ser reduzido a um mero conjunto de regras. Para uma leitura aprofundada, ver: DWORKIN, Ronald. **O império do direito.** Jeferson Luiz Camargo (trad.). São Paulo: Martins Fontes, 2003.

contra arbitrariedades interpretativas. A integridade limita a ação dos juízes; mais do que isso, coloca efetivos freios, através dessas comunidades de princípios, às atitudes solipsistas-voluntaristas. A integridade é uma forma de virtude política. A integridade significa rechaçar a tentação da discricionariedade.

Assim, para além da terminologia utilizada, é preciso focar no objetivo principal do dispositivo, que é a compreensão de que a integridade e a coerência vão se revelar a partir dos argumentos que levarão à formação da tese jurídica do precedente. Ou seja, quanto mais argumentos embasarem a respectiva tese firmada, mais consistente, firme, íntegra e coerente ela será (DIDIER JR., 2015).

A partir disso, percebe-se a importância de um Direito estável. E isso não ocorrerá apenas através da codificação de inúmeros dispositivos, mas, sobretudo, com a participação do Poder Judiciário de forma geral, promovendo decisões coerentes e que possam ser utilizadas em casos semelhantes. Nesse contexto, a necessidade de observar tais decisões e garantir estabilidade aos jurisdicionados será devidamente abordada a seguir.

1.2 DA OBSERVÂNCIA OBRIGATÓRIA DOS PRECEDENTES JUDICIAIS NO CPC/2015 E A SUPERAÇÃO DO TERMO "LIVRE CONVENCIMENTO MOTIVADO"

A utilização dos precedentes é uma prática que remonta aos tempos da Idade Média, quando alguns tribunais da Europa começaram a guardar e expor suas decisões nas fontes normativas da época. Assim, percebeu-se que apenas as decisões que possuíam uma fundamentação adequada deveriam ser levadas em consideração posteriormente, pois apenas por meio da motivação se conseguia esclarecer as nuances do caso julgado e como aquela decisão poderia ser aplicada em casos futuros (DE LUCCA, 2016, p. 256).

É dentro desse contexto que as "famílias jurídicas do *civil law* e do *common law*" começaram a ser delineadas e dividiram os sistemas jurídicos de cada país (DE LUCCA, 2016, p. 256). Em relação ao *civil law*, entende-se que ele é o sistema adotado predominantemente em países que buscavam legislar sobre todas as situações, e as leis eram a fonte primária para o Poder Judiciário.

Por outro lado, dentro do direito norte-americano[2], influenciado pelo direito inglês, percebe-se uma tentativa de superar "a concepção tradicional de que leis claras são suficientes para garantir julgamentos isonômicos" (DE LUCCA, 2016, p. 256). Assim, cresceu a valorização das próprias decisões judiciais tomadas, devendo, portanto, os juízes inferiores respeitarem o entendimento consolidado pelos tribunais superiores, caracterizando-se, assim, o *common law*.

É dentro desse sistema que nascem os precedentes. Para Rodrigo Ramina de Lucca (2016, p. 269), "precedentes são decisões pretéritas que decidiram casos análogos ao que está sendo julgado ou discutido". Seria, portanto, uma decisão que possui potencial para orientar outros magistrados diante da mesma situação.

Como já exposto, a ideia de observância obrigatória aos precedentes foi algo muito explorado pelo CPC/2015 e tem sido objeto de inúmeras discussões nos últimos anos. Dessa forma, faz-se interessante analisar como se formam os precedentes, suas possíveis distinções e a importância de aplicá-los nos casos concretos.

Nesse ponto, Matheus Gomes Barreto (2009, p. 158) escreve, de forma simples, que o procedente pode vir a ser "qualquer decisão proferida em sede do Poder Judiciário no exercício de sua função típica". Nessa linha, o Código de Processo Civil de 2015 inova trazendo um título "da ordem dos processos e dos processos de competência originária dos tribunais", onde se ressalta a importância dos precedentes nos arts. 926 até 928. Sendo, portanto, de caráter obrigatório (ou vinculativo) e não apenas persuasivo, que é quando sua observância não é obrigatória.

Sobre a obrigatoriedade de observância dos precedentes, Luis Roberto Barroso e Patrícia Perrone Campos Mello (2016, p. 23) afirmam:

---

2 Para explorar mais sobre o sistema legal norte-americano, ler: DA ROCHA, Julio Cesar De Sá. Direito do trabalho nos Estados Unidos: considerações sobre as bases do sistema norte-americano. **Revista Jurídica**, 2007.

Três valores principais justificam a adoção de um sistema de precedentes normativos ou vinculantes: a segurança jurídica, a isonomia e a eficiência. A obrigatoriedade de observar as orientações já firmadas pelas cortes aumenta a previsibilidade do direito, torna mais determinadas as normas jurídicas e antecipa a solução que os tribunais darão a determinados conflitos. O respeito aos precedentes constitui um critério objetivo e predeterminado de decisão que incrementa a segurança jurídica. A aplicação das mesmas soluções a casos idênticos reduz a produção de decisões conflitantes pelo Judiciário e assegura àqueles que se encontram em situação semelhante o mesmo tratamento, promovendo a isonomia.

É interessante abordar que, a partir do momento que os tribunais estão obrigados a observar decisões já proferidas, há uma clara economia de tempo e recursos, vez que não precisam apreciar novamente fatos e questões já superadas. Os autores citados explicam que "a observância dos precedentes vinculantes pelos juízes, mesmo que não concordem com eles, reduz, ainda, o trabalho dos tribunais, que não precisam reexaminar e reformar as decisões divergentes dos entendimentos que já pacificaram" (MELLO; BARROSO, 2016, p. 24).

Essa obrigatoriedade tem a ver tanto com o sistema *common law* quanto com a adoção do *stare decisis*. Ou seja, aplicar o que já foi feito anteriormente. Assim, quando se tem um precedente de efeito vinculante, não importa a concordância ou não com o julgado, é preciso segui-lo. Rodrigo Ramina de Lucca (2016, p. 282) pondera que "na medida em que o direito não estava mais em um plano ideal e abstrato pronto para ser descoberto, mas era criado pelas decisões judiciais, então as novas decisões que não se atinham às anteriores eram decisões ilícitas".

Nesse contexto, é necessário compreender como se formam os precedentes e qual o cenário para sua aplicação. E, para essa compreensão, três termos são fundamentais para se entender o poder de eficácia previsto na norma processual e as hipóteses de diferenciação de caso a caso. São eles: *ratio decidendi*, *obiter dictum* e distinção entre casos (*distinguishing*).

A partir da leitura da legislação, pode-se falar que "o efeito vinculante dos precedentes judiciais se concentra na norma jurídica abstrata – tese jurídica – formada no julgamento de uma demanda, encontrada, na fundamentação da decisão, ou seja, na sua *ratio decidendi*" (BARRETO, 2009, p. 158).

Para Luis Roberto Barroso e Patrícia Perrone Campos Mello (2016, p. 25), "a *ratio decidendi* ou o *holding* correspondem justamente ao entendimento jurídico emergente de um precedente que vinculará a decisão dos casos futuros".[3] Ou seja, não é o fundamento em si que foi decidido, mas, objetivamente, a tese jurídica que formulou o entendimento que embasou a decisão judicial.

Outro termo de importante conhecimento é o *obter dictum,* que são os argumentos que não foram enfrentados naquela determinada situação. É preciso ressaltar que a atividade jurisdicional se limita ao objeto discutido no processo. O juiz não vai se manifestar sobre todos os pontos transversais da lide e, claro, o que não foi discutido não se torna tese vinculante para outros processos. Sobre isso:

> Quando uma determinada discussão é desnecessária à solução do caso concreto ou, ainda, quando certo argumento não foi aprovado pela maioria da corte como justificativa para a solução dada a uma demanda, tais elementos não se prestam a compor a *ratio decidendi* e não produzem efeitos vinculantes para julgados futuros. Diz-se, então, que constituem *obiter dicta* ou considerações marginais estranhas à decisão do caso. Isso ocorre porque o *judge made law* pressupõe a atuação jurisdicional pelo poder Judiciário e encontra limites nas mesmas regras e princípios que regem esta atividade (MELLO; BARROSO, 2016, p. 28).

Por outro lado, os autores citados fazem importante ressalva no sentido de que, embora não sejam argumentos vinculantes, há

---

3 Nesse ponto, os autores Luis Roberto Barroso e Patrícia Perrone Campos Mello (2016, p. 25) escrevem que"há grande divergência na doutrina sobre o método mais adequado para definir a *ratio decidendi* e sobre o alcance ou a abrangência que lhe deve ser conferida". Adentrar nos pormenores dessa conceituação não é objeto do presente trabalho, mas, para uma leitura aprofundada, ver: MELLO, Patrícia Perrone Campos; BARROSO, Luís Roberto. Trabalhando com uma nova lógica: a ascensão dos precedentes no direito brasileiro. **Revista da AGU**, v. 15, n. 3, p. 9-52, 2016.

relevância jurídica dentro dos *obiter dicta,* pois "entendimentos minoritários, votos vencidos e considerações desnecessárias à solução de um caso podem ser muito importantes para sinalizar as inclinações da corte quanto a julgamentos futuros, para indicar tendências deste ou daquele membro do colegiado, para inspirar novas teses e intervenções do legislador" (MELLO; BARROSO, 2016, p. 29).

Por fim, tem-se a técnica que pode ser utilizada para distinguir um caso do outro. Ou seja, a ideia de observar precedentes anteriores é manter a segurança jurídica e mínima previsibilidade, já que casos semelhantes serão decididos com os mesmos fundamentos. Entretanto, se o juiz está diante de fatos diferentes, precisa explicar o porquê da distinção e não aplicação do precedente daquela corte.

> Quatro elementos essenciais devem ser examinados e confrontados para avaliar a semelhança entre dois casos para fins de aplicação (ou não) de um precedente: i) os fatos relevantes de cada qual; ii) os valores e normas que incidem sobre cada conjunto de fatos; iii) a questão de direito que suscitam; iv) os fundamentos que justificaram a decisão do precedente e sua adequação para orientar a decisão do novo caso. Quando duas demandas possuem fatos relevantes distintos, há uma tendência a que normas diferentes incidam na nova causa e, por consequência, que esta coloque uma questão de direito diferenciada. Nessa hipótese, os fundamentos que justificaram a decisão do precedente possivelmente serão insuficientes para decidir a nova ação (MELLO; BARROSO, 2016, p. 29 e 30).

Assim, o *distinguishing* é uma técnica para não aplicação da *ratio decidendi.* Mostrando-se, portanto, que o tribunal deve atuar no sentido de garantir que casos que sejam, de fato, diferentes e abordem argumentos diferenciados e certas peculiaridades, tenham decisões distintas e invoquem novos fundamentos.

Dentro desse contexto, é importante perceber que a obrigatoriedade de aplicação dos precedentes possui uma série de desdobramentos e não se trata apenas da utilização automática de uma decisão para todos os casos. Os precedentes precisam ser devidamente analisados, os fundamentos de cada sentença devem ser cuidadosamente examinados para que esse procedimento alcance seu objetivo de garantir integridade, coerência e estabilidade à jurisprudência do Poder Judiciário.

Nesse ponto, é válido trazer as considerações que Lenio Streck (2015, p. 39) já faz desde seus primeiros comentários ao anteprojeto do CPC/2015. Para ele, não se pode simplesmente transportar doutrinas de outros países e aplicar no Brasil sem uma devida teoria decisional. Não se trata, portanto, de um simples "modelo de extermínio de ações repetidas", é um instituto que pode garantir diversos princípios as partes, mas precisa ser estudado e aplicado com cautela.

Aqui, oportuno colacionar o que foi escrito por Victor Rocha (2017, p. 89):

> Não obstante, a busca por essa suposta segurança jurídica que a valorização dos precedentes e o aumento das decisões de vinculação obrigatória procuram sanar podem gerar problemas ainda maiores, a depender da forma de sua aplicação. Existem, pelo menos, dois problemas que podem ser gerados em decorrência disso: (i) a ampliação do déficit democrático gerado pela atividade constitutiva do juiz em decorrência do aumento das hipóteses de decisões com vinculação obrigatória; e (ii) a coletivização das demandas pode afrontar os princípios do contraditório, da ampla defesa e da paridade de armas ao imputar a quaisquer pessoas efeitos de decisão de processos aos quais não figuraram como parte, seja pelo efeito de vinculação obrigatória que poderá ser atribuído a decisão, seja pelo valor persuasivo do precedente formado.

Esses questionamentos serão devidamente discutidos adiante, mas, desde logo, faz-se importante trazer um contraponto à aplicação dos precedentes no direito brasileiro, pois são essas inquietações que fundamentam a busca por mais legitimidade dentro das decisões judiciais através de uma ampliação da participação popular.

Ainda, não há que se falar em dever de fundamentar as decisões e obrigatoriedade de precedentes, sem ressaltar outra importante conquista do CPC/2015: a retirada da terminologia que permitia o "livre convencimento motivado" por parte dos magistrados ao analisar fatos e proferir decisões. Diminuindo, portanto, a discricionariedade e garantindo a devida manifestação sobre todos os pontos controvertidos dentro de um processo.

É importante lembrar que Lenio Streck foi um dos maiores defensores da retirada de termos discricionários do CPC/2015, isso porque, segundo ele, se fossem mantidos, o código já nasceria velho. "Não tenho receio em afirmar que, acaso se mantivesse a redação original do Projeto, este já nasceria velho, porque favoreceria algo que se pode chamar de Juristocracia (ou Judiciariocracia)" (2015, p. 38). Ou seja, o Poder Judiciário ainda seria visto como entidade hierarquicamente superior na relação processual, pois poderia decidir livremente, a depender da conveniência do julgador.

Para Streck (2015, p. 48), "um dos pontos centrais a favor do novo CPC é o abandono do livre convencimento e da livre apreciação da prova. Simbolicamente isso representa o desejo de mudar. E saltar paradigmaticamente"[4]. E esse desejo de mudança leva a outra concretização constitucional essencial: o dever de fundamentar adequadamente as decisões.

Esse princípio é importante porque positiva o comando legislativo de que "o juiz não tem a opção de se convencer por qualquer motivo, uma espécie de discricionariedade em sentido fraco que seja, mas deve explicitar com base em que razões" (STRECK, 2015, p. 49). Assim, é interessante notar que apenas determinar coerência, integridade e estabilidade não era suficiente.

Sobre isso, Streck (2014, p. 9) escreve que apenas o conjunto de todas as expressões poderia levar a um código, de fato, harmônico e que atingiria o objetivo de democratizar as decisões:

> Assim, haverá coerência se os mesmos preceitos e princípios que foram aplicados nas decisões o forem para os casos idênticos; mais do que isto, estará assegurada a integridade do direito a partir da força normativa da Constituição. A coerência assegura a igualdade, isto é, que os diversos casos terão a igual consideração por parte

---

4 Sobre isso, importante trazer a ressalva feita pelo autor Fernando Gajardoni sobre a continuidade da expressão em dispositivos que permitem a valoração de provas pelo próprio juiz. Mais sobre isso: GAJARDONI, Fernando da Fonseca. Disponível em: http://www.academia.edu/11863179/O_livre_convencimento_motivado_n%C3%A3o_acabou_no_Novo_CPC. Acesso em: 16 jun. 2020.

do Poder Judiciário. Isso somente pode ser alcançado através de um holismo interpretativo, constituído a partir de uma circularidade hermenêutica. Já a integridade é duplamente composta, conforme Dworkin: um princípio legislativo, que pede aos legisladores que tentem tornar o conjunto de leis moralmente coerente, e um princípio jurisdicional, que demanda que a lei, tanto quanto possível, seja vista como coerente nesse sentido. A integridade exige que os juízes construam seus argumentos de forma integrada ao conjunto do direito, constituindo uma garantia contra arbitrariedades interpretativas; coloca efetivos freios, através dessas comunidades de princípios, às atitudes solipsistas-voluntaristas.

Dessa forma, todo o sistema de precedentes está interligado. Não há que se falar em formação de precedentes, se as decisões não forem devidamente fundamentadas, deixando de lado, portanto, qualquer discricionariedade, pois os fatos e provas deverão ser minunciosamente apreciados.

> No que diz respeito à motivação, por mais que a norma jurídica não se confunda com o texto escrito do precedente, é da fundamentação que se inicia a atividade interpretativa para nortear a incidência ou não do precedente ao caso. A norma jurídica do precedente é construída a partir da conjugação de vários casos concretos, conforme dito, os quais vão estruturando e delimitando a aplicação do precedente, fazendo distinções e estabelecendo semelhanças, ao mesmo tempo em que a fundamentação pode permanecer a mesma. Não obstante a natureza estática da fundamentação (já que feita através do texto), não fica a interpretação do texto comprometida, já que a mutação da linguagem segue o contexto e não o contrário (VELOSO, 2018, p. 36).

A obrigatoriedade de fundamentação das decisões está presente no § 1º do art. 489[5], que estabeleceu requisitos objetivos para o

---

5 "Art. 489. São elementos essenciais da sentença:

I – o relatório, que conterá os nomes das partes, a identificação do caso, com a suma do pedido e da contestação, e o registro das principais ocorrências havidas no andamento do processo;

II – os fundamentos, em que o juiz analisará as questões de fato e de direito;

que se considera uma decisão fundamentada, impondo ao juiz o dever de apreciar todos os argumentos discutidos ao longo do processo, sob pena de, ao não fazê-lo, ser nula a decisão.

Apesar das críticas feitas a esse dispositivo no que diz respeito ao assoberbamento do judiciário, é essencial que se entenda que tal previsão é mais um caminho rumo ao objetivo de trazer mais legitimidade as decisões, eliminando a postura solipsista do magistrado e permitindo uma maior participação da sociedade, vez que todos os posicionamentos e fatos precisam ser levados em consideração.

É importante compreender que apenas uma decisão bem fundamentada pode gerar precedentes adequados. Isso porque, dentro de um processo, após análise aprofundada de toda matéria suscitada pelas partes, o julgador não precisará realizar essa atividade sempre que se deparar com alguma situação semelhante, vez que já terá feito isso da primeira vez[6].

III – o dispositivo, em que o juiz resolverá as questões principais que as partes lhe submeterem.

§ 1º Não se considera fundamentada qualquer decisão judicial, seja ela interlocutória, sentença ou acórdão, que:

I – se limitar à indicação, à reprodução ou à paráfrase de ato normativo, sem explicar sua relação com a causa ou a questão decidida;

II – empregar conceitos jurídicos indeterminados, sem explicar o motivo concreto de sua incidência no caso;

III – invocar motivos que se prestariam a justificar qualquer outra decisão;

IV – não enfrentar todos os argumentos deduzidos no processo capazes de, em tese, infirmar a conclusão adotada pelo julgador;

V – se limitar a invocar precedente ou enunciado de súmula, sem identificar seus fundamentos determinantes nem demonstrar que o caso sob julgamento se ajusta àqueles fundamentos;

VI – deixar de seguir enunciado de súmula, jurisprudência ou precedente invocado pela parte, sem demonstrar a existência de distinção no caso em julgamento ou a superação do entendimento" (BRASIL, 2015).

6 Nesse ponto, válido ressaltar que há um enunciado nesse mesmo sentido. O Enunciado 13 da Enfam: "O art. 489, § 1º, IV, do CPC/2015 não obriga o juiz a enfrentar os fundamentos jurídicos invocados pela parte, quando já tenham sido enfrentados na formação dos precedentes obrigatórios".

> Assim, após ter se debruçado sobre o tema, convocando principalmente peritos especializados e outros profissionais de destaque, restará uma decisão completa, digna da formação de precedente judicial. Com efeito, tal pronunciamento poderá ser amplamente discutido e interpretado, a fim de que se desenvolva ainda mais nos próximos casos semelhantes que venham a surgir. Observa-se que, nas novas aplicações do precedente, não mais será exigido do magistrado que se debruce sobre os mesmos aspectos e as minúcias já discutidas, tendo em vista que já foi feito tal procedimento pelo órgão fundador do precedente. O que se deve perquirir é a instauração do cotejo analítico para saber se o caso em análise é semelhante ao caso objeto do precedente, após o que será possível aplicá-lo (VELOSO, 2018, p. 39).

Dessa forma, a criação de um precedente nessa decisão paradigma poderá ajudar em processos futuros, trazendo celeridade ao órgão julgador e uma decisão justa, íntegra, coerente e que analisou todos os pontos controvertidos, garantindo, ao fim, um devido processo legal.

Nesse contexto, como se verá adiante, o CPC/2015 tenta promover uma integração entre diversos princípios e garantias constitucionais através de mecanismos que promovem importantes debates em assuntos de interesse de uma coletividade. Assim, a partir da compreensão dos próximos institutos, conseguir-se-á analisar a democratização do Código de Processo Civil na prática.

1.3 INSTRUMENTOS DE DEMOCRATIZAÇÃO: O INCIDENTE DE ASSUNÇÃO DE COMPETÊNCIA E O INCIDENTE DE RESOLUÇÃO DE DEMANDAS REPETITIVAS

A previsão do incidente de assunção de competência se encontra no art. 947 do CPC/2015, dispondo que "é admissível a assunção de competência quando o julgamento de recurso, de remessa necessária ou de processo de competência originária envolver relevante questão de direito, com grande repercussão social, sem repetição em múltiplos processos" (BRASIL, 2015).

Tal dispositivo, nos termos de Didier Jr. e Leonardo da Cunha (2016, p. 655), "é uma reformulação do incidente previsto no § 1º do art. 555 do CPC/1973". Esse incidente, anteriormente, tinha o objetivo de uniformização de jurisprudência e deveria ser instaurado antes do encerramento do julgamento para evitar decisões divergentes entre as turmas dos tribunais.

Entretanto, o CPC/2015 traz a previsão de um requisito importante, qual seja, a relevância da questão litigiosa. Para uma melhor compreensão do que seria uma questão de grande repercussão social, Luiz Guilherme Marinoni (2016, p. 234) escreve que:

> Questão de direito com grande repercussão social é aquela que, além de não ter relevo apenas para a solução do caso sob julgamento, tem valor para a sociedade. Na verdade, quando se fala em questão com grande repercussão social não se quer apontar para algo que diz respeito à sua relevância técnico-processual, que atingiria outros casos repetitivos ou casos respeitantes a direitos coletivos ou difusos. Alude-se a uma questão de direito com grande repercussão social para evidenciar o seu excepcional relevo em face da vida social nas perspectivas política, religiosa, cultural e econômica.

Assim, percebe-se que, identificada essa questão, de forma individual, como se observa da leitura do final do dispositivo, há um deslocamento de competência do julgamento da ação ou recurso para outro tribunal.

Essa individualidade é chamada por Didier Jr. e Leonardo da Cunha (2016, p. 665) de "pressuposto negativo". Não é o caso, portanto, de existência de múltiplos processos sobre a discussão. Caso isso ocorra, seria o caso de instauração de um incidente de causas repetitivas, que será devidamente abordado a seguir.

Os autores citados (2016, p. 665) enumeram exemplos de questões relevantes individualizadas, são elas:

> a) discussão sobre se há ou não direito de alguém a ser reconhecido como pertencente a um 'terceiro gênero' (nem feminino nem masculino); b) saber se uma associação pode ou não celebrar uma convenção processual coletiva; c) saber se é possível a dupla curatela de um interdito; d) discussão sobre a interpretação extensiva de determinado rol legal taxativo etc.

Ainda, a legitimidade para esse pedido é, nos termos do § 1º do art. 947 (BRASIL, 2015), das partes envolvidas no litígio, do relator de ofício, do Ministério Público ou da Defensoria Pública. Aqui, importante trazer que "só o colegiado originariamente competente – o 'juiz natural' – tem legitimidade para aprovar pedido de deslocamento de competência. Por isso, o relator, quando age de ofício, apenas submete a ideia de deslocamento de competência para os demais membros do colegiado" (MARINONI, 2016, p. 235).

Tendo sido admitido, o incidente será julgado pelo órgão previsto no regimento interno de cada tribunal para julgar essas hipóteses. E, nos termos do § 2º do art. 947, "o órgão colegiado julgará o recurso, a remessa necessária ou o processo de competência originária se reconhecer interesse público na assunção de competência" (BRASIL, 2015). Ou seja, "tanto o órgão originariamente competente, quanto o órgão para o qual a competência foi deslocada, têm poder para aferir razões para a assunção da competência com base tanto em uma quanto em outra locução" (MARINONI, 2016, p. 235).

Feita essa análise de interesse público, tem-se no § 3º do art. 947 que "o acórdão proferido em assunção de competência vinculará todos os juízes e órgãos fracionários, exceto se houver revisão de tese" (BRASIL, 2015). Evidenciando, dessa forma, que o referido incidente se trata de mais um mecanismo do sistema de precedentes criado pelo CPC/2015.

A hipótese de deslocamento de competência de um recurso ou ação originária se faz necessária a partir do momento que se reconhece que o referido litígio exige uma maior discussão, permitindo uma cognição mais apurada e, consequentemente, uma decisão que poderá ser utilizada nos processos futuros.

A ideia é que o sistema processual brasileiro tenha um mecanismo para auxiliar os tribunais na missão de tutelar a segurança jurídica, por meio da uniformização da jurisprudência e formação de precedentes adequados. O CPC/2015, "ao prever o incidente de assunção de competência, põe à sua disposição mecanismo destinado a prevenir e a corrigir divergência jurisprudencial, contribuindo para que os tribunais cumpram o dever de uniformização" (DIDIER JR.; CUNHA, 2016, p. 656).

> Sua finalidade é assegurar a igualdade de tratamento sobre questão de direito relevante ou de intensa repercussão social, seja por meio da uniformização jurisprudencial, seja pela prevenção de divergência entre os órgãos fracionários do tribunal. (...) Isso significa, portanto, que o incidente de assunção de competência pode ser instaurado ainda que inexista divergência jurisprudencial sobre o tema suscitado. Traz-se, assim, segurança jurídica e racionaliza-se a prestação jurisdicional, na medida em que se impõe a observância do que foi decidido pelos tribunais superiores (MUSZKAT, 2018, p. 83).

As discussões[7] sobre esse incidente falam em "microssistema de formação de precedentes obrigatórios"; isso porque ele dialoga com outro importante instituto do CPC/2015, o de resolução de demandas repetitivas. Ambos possuem a função de garantir unicidade e coerência dentro dos tribunais.

Para atingir tal objetivo, determinadas normas são exigidas. Ou seja, para que esses incidentes formem precedentes e sejam largamente utilizados, Didier Jr. e Leonardo da Cunha (2015, p. 659) escrevem que "para formação do precedente obrigatório, aplicam-se as normas que exigem ampliação da cognição e da publicidade, com qualificação do debate e dever de fundamentação reforçada".

A legislação brasileira é, de forma geral, voltada para resolução de litígios individuais, envolvendo partes específicas e situações cotidianas. Entretanto, com o crescente número de processos, observou-se a existência de diversas demandas que, por vezes, versam

---

7 Esse termo encontra-se em diversos trabalhos acadêmicos e pode ser aprofundado nas seguintes referências: VELOSO, Maria Carolina Oriá. **O dever de motivação na construção do precedente judicial:** uma análise crítica à luz do artigo 489, § 1º do CPC/2015. 2018. Trabalho de Conclusão de Curso. Disponível em: https://repositorio.ufpe.br/handle/123456789/24432. Acesso em: 16 jun. 2020; MARINONI, Luiz Guilherme. Sobre o incidente de assunção de competência. **Revista de Processo**, p. 233-256, 2016; DIDIER JR., Fredie; CUNHA, Leonardo Carneiro da. **Curso de direito processual civil**: o processo nos tribunais, recursos, ações de competência originária de tribunal e *querela nullitatis*, incidentes de competência originária de tribunal. 13. ed. Salvador: JusPodivm, 2016. v. 3.

sobre a mesma problemática jurídica e deveriam ser resolvidas de forma isonômica.

Diante desse contexto, sentiu-se a necessidade de se criar um mecanismo, integrante do sistema de precedentes obrigatórios, para dirimir questões repetitivas. Isso porque as ações coletivas – instrumento já utilizado há muitos anos – não conseguiam mais abarcar todas as situações e, por vezes, não funcionam de forma eficiente para tutelar todos os direitos homogêneos individuais sem abarrotar o Poder Judiciário.

Assim, o CPC/2015 estabelece em seu art. 976 o cabimento para instauração de um incidente de resolução de demandas repetitivas (IRDR). Nos termos da lei, precisa haver, simultaneamente: "I – efetiva repetição de processos que contenham controvérsia sobre a mesma questão unicamente de direito; II – risco de ofensa à isonomia e à segurança jurídica" (BRASIL, 2015). O objetivo do IRDR é "conferir tratamento prioritário, adequado e racional às questões repetitivas. Tais instrumentos destinam-se, em outras palavras, a gerir e decidir os casos repetitivos" (DIDIER JR.; CUNHA, 2016, p. 590).

Analisando, primeiramente, os aspectos formais, em relação à legitimidade para propositura, nos termos do art. 977 do CPC/2015[8], tem-se que o incidente pode ser instaurado pelo juiz ou relator, pelas partes, Ministério Público ou Defensoria Pública. Tal manifestação deverá ser dirigida ao presidente do respectivo Tribunal, instruída com todos os documentos necessários que demonstrem o cabimento do referido incidente.

---

8 "Art. 977. O pedido de instauração do incidente será dirigido ao presidente de tribunal:

I – pelo juiz ou relator, por ofício;

II – pelas partes, por petição;

III – pelo Ministério Público ou pela Defensoria Pública, por petição.

Parágrafo único. O ofício ou a petição será instruído com os documentos necessários à demonstração do preenchimento dos pressupostos para a instauração do incidente."

Nesse ponto, importante trazer uma diferenciação discutida por Didier Jr. e Leonardo da Cunha (2016, p. 593) sobre o sistema de resolução de causas repetitivas. Os autores falam da existência de dois sistemas: o da causa-modelo e causa-piloto. Para eles, "no sistema da causa-piloto, o órgão jurisdicional seleciona um caso para julgar, fixando a tese a ser seguida nos demais. Já na causa-modelo, instaura-se um incidente apenas para fixar a tese a ser seguida, não havendo a escolha de uma causa a ser julgada" (DIDIER JR.; CUNHA, 2016, p. 593).

Embora existam as divergências doutrinárias[9], o presente trabalho também adota a ideia de que o Brasil positivou o sistema da causa-piloto. Isso porque, ao julgar um recurso-paradigma, o tribunal acaba por decidir sobre a causa ali contida e fixa a tese que deverá ser aplicada a todos os outros processos sobrestados. O Tribunal, ao analisar o procedimento-modelo, precisa escolher o que for mais abrangente e plural, pois isso levará a uma discussão completa sobre determinada tese jurídica, legitimando a formação de uma decisão modelo e aplicação futura.

Importante trazer, também, que, ao admitir o incidente, os processos ficam suspensos[10] e o tribunal precisa julgar a tese em até um ano[11]. Todo esse procedimento deverá ser público, nos termos

---

9 Para maiores discussões sobre esse assunto, ver: DIDIER JR., Fredie; CUNHA, Leonardo Carneiro da. **Curso de direito processual civil**: o processo nos tribunais, recursos, ações de competência originária de tribunal e *querela nullitatis*, incidentes de competência originária de tribunal. 13. ed. Salvador: JusPodivm, 2016. v. 3.

10 "Art. 982. Admitido o incidente, o relator:

I – suspenderá os processos pendentes, individuais ou coletivos, que tramitam no Estado ou na região, conforme o caso;

II – poderá requisitar informações a órgãos em cujo juízo tramita processo no qual se discute o objeto do incidente, que as prestarão no prazo de 15 (quinze) dias;

III – intimará o Ministério Público para, querendo, manifestar-se no prazo de 15 (quinze) dias" (BRASIL, 2015).

11 "Art. 980. O incidente será julgado no prazo de 1 (um) ano e terá preferência sobre os demais feitos, ressalvados os que envolvam réu preso e os pedidos de *habeas corpus*" (BRASIL, 2015).

do art. 979 do CPC/2015, que dispõe que "a instauração e o julgamento do incidente serão sucedidos da mais ampla e específica divulgação e publicidade, por meio de registro eletrônico no Conselho Nacional de Justiça" (BRASIL, 2015).

Tal publicidade é de fundamental importância, pois permite não só o acompanhamento da população em temas relevantes, mas, sobretudo, a ampla participação através dos mecanismos adequados, quais sejam o *amicus curiae* ou as audiências públicas.

Ao fim, tendo o Tribunal decidido sobre o incidente, a tese jurídica vincula todas as instâncias inferiores, como se observa no art. 985 do CPC/2015[12]. Deixando claro, portanto, que a ideia é uniformizar o entendimento e garantir a aplicação isonômica para todos os casos que versem sobre a mesma questão jurídica.

> A finalidade precípua da instrução no incidente de resolução de demandas repetitivas é angariar subsídios sobre os debates existentes nas ações repetidas a respeito do tema comum, a fim de que o tribunal possa obter, com a maior riqueza de detalhes possível, as informações necessárias para firmar sua convicção sobre qual é a posição a ser adotada e, consequentemente, seguida em todos os processos. Por essa razão, o relator pode optar por designar audiência pública para oitiva de "depoimentos de pessoas com experiência e conhecimento na matéria" (CPC/15, art. 983, § 1º) (MUSZKAT, 2018, p. 92).

Isso mostra que a ampliação dos debates é uma das finalidades da positivação desses instrumentos trazidos aqui no CPC/2015. Tais instrumentos funcionam como um mecanismo de legitimidade para

---

12 "Art. 985. Julgado o incidente, a tese jurídica será aplicada:

I – a todos os processos individuais ou coletivos que versem sobre idêntica questão de direito e que tramitem na área de jurisdição do respectivo tribunal, inclusive àqueles que tramitem nos juizados especiais do respectivo Estado ou região;

II – aos casos futuros que versem idêntica questão de direito e que venham a tramitar no território de competência do tribunal, salvo revisão na forma do art. 986."

que as entidades e os grupos que serão afetados por aquela decisão tenham voz e possam participar ativamente do processo decisório, como se verá adiante.

1.4 OS EFEITOS *ULTRA PARTES* E A PROBLEMÁTICA DO DÉFICIT DEMOCRÁTICO

Os incidentes tratados anteriormente demonstram a intenção do legislador em tutelar, da melhor forma possível, os direitos de uma coletividade, garantindo os princípios constitucionais sem, por outro lado, lotar o judiciário de processos que levarão anos para serem resolvidos.

Nesse ponto, é importante fazer uma ressalva sobre os mecanismos trazidos pelo CPC/2015 em relação à individualização dos efeitos. Em uma primeira análise, de forma superficial, parece que a legislação tenta, a todo custo, positivar meios para que os processos sejam decididos da forma mais rápida possível, seja pela aplicação de uma decisão anterior ou pela instauração de um incidente de causas repetitivas, sem que haja uma efetiva participação das partes.

Sobre isso, é necessário discutir que não se trata de uma mitigação do princípio do contraditório, tampouco de uma tentativa de minimizar a atuação de cada um no seu processo. Trata-se, na verdade, de instrumentos que objetivam ampliar a participação dos indivíduos e garantir a isonomia para todos que se encontram litigando em uma mesma situação.

> O princípio do contraditório está intimamente ligado aos princípios da ampla defesa, da isonomia processual e da paridade de armas. É em decorrência desses princípios que é inconcebível que aqueles que não tiveram oportunidade de ser parte ou coadjuvante da parte no processo sejam atingidos pela coisa julgada. Outra decorrência lógica é a isonomia de procedimentos e manifestações no processo, o que, ao menos formalmente, culminaria na paridade de armas processual. Não obstante, nos processos nos quais se pleiteiam direitos transindividuais, não se pode partir da mesma ótica. Da mesma forma que nos processos subjetivos onde se discutem direitos individuais, deve-se oportunizar o contraditório as

partes, vez que os efeitos dessa decisão só terão efeitos *inter partes*, nos processos objetivos, no qual se discutem interesses transindividuais, deve-se oportunizar o contraditório coletivo, em decorrência do efeito *erga omnes* (ROCHA, 2017, p. 81).

Antes de aprofundar a discussão, pode-se falar que o efeito de uma decisão em sede de IRDR, por exemplo, poderá não ser apenas *inter partes*, ou seja, outras pessoas, externas àquele incidente instaurado, poderão sofrer as consequências do que foi decidido, mesmo sem participação ativa, pois a decisão também terá efeito *erga omnes*, valendo para todos.

É dentro desse contexto que Victor Rocha (2017, p. 89) traz em sua pesquisa dois problemas que podem ser maximizados por conta dessa alteração do CPC/2015; são eles:

> (i) a ampliação do déficit democrático gerado pela atividade constitutiva do juiz em decorrência do aumento das hipóteses de decisões com vinculação obrigatória; e (ii) a coletivização das demandas pode afrontar os princípios do contraditório, da ampla defesa e da paridade de armas ao imputar a quaisquer pessoas efeitos de decisão de processos aos quais não figuraram como parte, seja pelo efeito de vinculação obrigatória que poderá ser atribuído a decisão, seja pelo valor persuasivo do precedente formado.

Em primeiro lugar, ao falar sobre déficit democrático, o autor explica que as leis no Brasil são interpretradas por juízes, e estes não são escolhidos pela população, assim, "não possuiriam legitimidade representativa" (ROCHA, 2017, p. 20). Ou seja, "o déficit democrático é um conceito que está intimamente ligado à questão da representação/participação popular. Num sistema de democracia representativa o processo de criação e legitimação da norma jurídica é bastante claro" (ROCHA, 2017, p. 90).

Assim, para o autor, existem duas formas de diminuir os efeitos de uma possível carência de legitimidade democrática. São eles:

> A primeira consiste na restrição das decisões com eficácia *erga omnes*. Não obstante a eficácia coletiva das decisões nos processos de controle de constitucionalidade é instrumento importante, vez que promove a uniformidade das decisões judiciais, a segurança jurídica e a celeridade processual. A segunda forma, e talvez a mais

viável, é simplesmente permitir a participação da sociedade civil no processo de interpretação constitucional (ROCHA, 2017, p. 92).

É nesse ponto que, apesar da aparente violação de princípios, é preciso compreender que outros mecanismos foram importados e adotados pelo CPC/2015 exatamente para evitar que os indivíduos não sejam afetados sem terem, efetivamente, contribuído para o processo de alguma forma.

Assim, conforme se verá adiante, a ampliação da participação popular, a partir da compreensão de que todos os destinatários da norma também podem ser ouvidos, é de fundamental importância. Dessa forma, o próximo capítulo se destina ao estudo aprofundado de uma importante ferramenta de participação e atuação nos processos: o *amicus curiae*. Demonstrar-se-á, portanto, como esse intrumento pode garantir a democratização das relações processuais, trazendo relevantes debates ao Poder Judiciário e, consequentemente, legitimando a formação de precedentes qualificados.

2

O *Amicus Curiae* no Código de Processo Civil de 2015

Como exposto desde o início do trabalho, busca-se, através de uma análise da legislação e da doutrina jurídica, entender como a sociedade pode se aproximar do Poder Judiciário para participar de forma mais ativa nos processos decisórios. Tal desejo não é unilateral, visto que esse anseio foi percebido pelo legislador, e o CPC/2015 adota mecanismos de ampliação dessa participação popular através de uma figura há muito existente no direito estrangeiro: o *amicus curiae*.

Antes de adentrar nas características desse instituto, é importante compreender que a participação de um terceiro em processos da qual não é parte funciona como uma abertura de possibilidades de interpretação da própria lei. Tal ideia foi defendida por Peter Häberle desde os anos 70, na Alemanha.

A proposta de Häberle é de que a Constituição não deve ser concebida como uma norma pronta e acabada. Para ele, todos que vivem sob a égide de uma lei devem ter legitimidade para interpretá-la também. Ou seja, o processo interpretativo feito pelo Poder Judiciário pode, também, ser realizado de forma mais plural e acessível.

Nesse contexto, surgem as perguntas óbvias: então quem pode interpretar a lei? E como isso deveria ser feito? Mônia Clarissa Hennig Leal (2008, p. 38) escreve que "um ponto central da jurisdição democrática reside, pois, na ampliação e no aperfeiçoamento dos instrumentos de comunicação dos juízes constitucionais e das possibilidades de participação (efetiva) no processo constitucional".

Ainda, de acordo com a autora (2002, p. 38):

> Nesse sentido, entendemos que a necessidade de abertura da jurisdição deve dar-se em duas dimensões: uma de ordem interna, no sentido de abertura democrática à própria sociedade aberta de intérpretes e à atividade interpretativa da sociedade pluralista (...); e outra de ordem externa, no sentido de abertura dos seus procedimentos à efetiva participação e ao exercício institucionalizado do status *activus processualis* no âmbito da jurisdição, sobretudo da jurisdição constitucional. E é dentro deste contexto que a figura do amicus curiae adquire relevância, enquanto instrumento privilegiado de abertura e de intervenção pluralista no processo.

Dessa forma, "o Poder Judiciário constitui-se espaço de exercício da soberania política, espaço público de participação democrática, aberto ao ativismo de agentes sociais e judiciais na produção plural da cidadania, através do processo" (DO ROSÁRIO, 2009, p. 167). Assim, busca-se entender o acesso à justiça como algo além da simples obtenção de um provimento jurisdicional, é, na verdade, um meio para exercer a própria cidadania.

A partir dessa ideia, pode-se perceber que o CPC/2015, ao dispor sobre o dever de fundamentar as decisões e de observância de precedentes, demonstra a necessidade de democratizar as decisões e trazer isonomia para os processos judiciais. Ainda, ao inserir a figura do *amicus curia* no rol de terceiros, deixa claro que essa figura pode intervir em qualquer processo, de qualquer instância, desde que haja relevância da matéria e efetiva legitimidade para pluralizar os debates acerca de determinadas questões.

A análise se inicia, portanto, na superação de um legalismo exacerbado. Ou seja, a ampliação da participação popular perpassa pela ideia de que "o direito, mais do que nunca, não corresponde à letra da lei e que todas as consequências jurídicas possíveis para quaisquer fatos não estão em estado de latencia nos códigos e nos mais variados diplomas normativos" (BUENO, 2012, p. 49).

Assim, Luana Paixão do Rosário (2009, p. 170) escreve que a norma é externalizada a partir da sua interpretação, e essa interpretação pode criar uma jurisprudência dentro dos tribunais, portanto, "os cidadãos participam da criação do direito estatal pela interpretação e aplicação do direito, não somente pela representatividade conferida ao Legislativo, mas pela via judicial".

Dessa maneira, compreende-se que as instâncias do Poder Judiciário devem ser vistas como "espaços democráticos de atuação e produção política, não representativa, mas participativa, regidos por regras de processo. Assim, o Judiciário realiza os valores e princípios democráticos constitucionais, pela participação dos cidadãos e atores estatais, na concretização dos valores fundamentais" (DO ROSÁRIO, 2009, p. 170).

A partir disso, Scarpinella Bueno (2012, p. 67) traz em seu livro que "devemos buscar a sistematização de uma forma pela qual possa o juiz capturar da forma mais eficiente, ordenada e sistematizada possível os anseios da sociedade e as proprias políticas do Estado". E é nessa busca que se faz importante o presente estudo.

Nesse contexto, no próximo tópico o instituto do *amicus curiae* será devidamente analisado com o objetivo de compreender a implementação dessa figura dentro do direito brasileiro e como a positivação no CPC/2015 pode conseguir trazer uma nova dimensão aos processos cíveis.

2.1 *AMICUS CURIAE*: NOÇÕES ELEMENTARES

Dissertar sobre a origem da figura do *amicus curiae* é um processo difícil e dotado de incertezas. Isso porque há doutrinas sobre essa modalidade de intervenção nos procedimentos mais antigos dentro do direito romano, inglês, norte-americano e de diversos outros países.

Scarpinella Bueno (2012, p. 114) afirma que a doutrina e jurisprudência norte-americanas "não hesitam em reconhecer que é no direito inglês que surgem, de forma mais sistemática, as referências do instituto". Por outro lado, Carlos Del Prá (2011, p. 25) afirma que "há notícias de que suas raízes se encontram no direito romano, mas certamente em uma conformação bastante distinta daquela que chegou até nossos dias".

Segundo Del Prá (2011, p. 25), as primeiras aparições dessa figura remontam ao direito inglês medieval nos séculos XIV a XVI, onde o *amicus curiae* "participava do processo apontando precedentes jurisprudenciais não mencionados pelas partes ou ignorados pelo julgador". Ou seja, já nessa época podia se perceber uma atuação de caráter complementar e informativo, mas sem nenhuma regulamentação legal.

Dentro dessa temática, no direito inglês, "o *amicus curiae* comparecia perante as cortes em causas que não envolviam interesses governamentais na qualidade de 'attorney general', ou, mais amplamente, de 'counsels'" (BUENO, 2012, p. 114). A função era de, basicamente, discutir precedentes que não eram conhecidos pelos juízes. Os primeiros registros foram feitos em julgamentos a partir de 1688, quando houve atuação de *Sir* George Treby, um membro do Parlamento, na qualidade de *amicus,* para detalhar alterações de uma lei (BUENO, 2012, p. 114).

> O que a doutrina sublinha a respeito das primeiras manifestações do instituto no direito inglês é que os tribunais possuíam ampla liberdade (*discretion)* para admitir a participação do *amicus* e, consequentemente, para definir as possibilidades e os limites de sua atuação concreta. Também se destaca que o desenvolvimento do instituto deveu-se muito a uma peculiaridade do sistema inglês (e, de forma mais genérica, do sistema da *common law* como um todo), qual seja, a do "adversary system", que assegura grande liberdade aos litigantes para conduzir o processo em todos os seus sentidos de acordo com a sua própria vontade e "estratégias" (BUENO, 2012, p. 115).

Assim, apesar de ter tido aparições relevantes no direito inglês, hoje a atuação do instituto é restrita aos casos em que existe interesse público ou tutela de interesses da Coroa britânica. Dessa forma, a intervenção só pode ser feita por representantes da União (BUENO, 2012, p. 115).

Por outro lado, é importante analisar a figura do *amicus curiae* a partir de sua incorporação pelo direito norte-americano, pois, segundo Del Prá (2011, p. 27), foi a partir dessa absorção que "o instituto passou gradativamente a deixar de ser instrumento de um terceiro desinteressado, para assumir uma função mais comprometida". Assim, fala-se que houve "um abandono da original neutralidade de sua função, passando o *amicus curiae* a assumir uma função mais parcial, interessada" (DEL PRÁ, 2011, p. 27).

Nos Estados Unidos, a doutrina aponta que foi em 1812 a primeira aparição do *amicus curiae* no caso "The Schooner Exchange *vs.* McFadden". Nessa oportunidade, admitiu-se a figura de um "procurador geral" para que emitisse um parecer sobre a matéria discutida naquele julgamento sobre questões da marinha (BUENO, 2012, p. 116).

Nos anos seguintes, verifica-se outras intervenções de terceiros para invocar precedentes e emitir opiniões. Segundo Scarpinella Bueno (2012, p. 117), "gradativamente – e de forma muito intensa desde o princípio do século XX –, a jurisprudência norte-americana passou a admitir a intervenção de *amicus* 'particulares' para a tutela de interesses privados". Assim, não se tinham apenas advogados do Estado intervindo, mas, de forma gradual, associações privadas passaram a ter voz dentro dos tribunais.

Com o tempo, nos Estados Unidos, a doutrina construiu e solidificou a figura do *amicus curiae* em duas categorias: entidades públicas (ou governamentais) e as particulares. Scarpinella Bueno (2012, p. 121) escreve que:

> A doutrina e a jurisprudência norte-americanas mais recentes reagiram ao crescimento do número de *amici curiae* litigantes e, ao que tudo indica, mais do que à quantidade propriamente dita, ao crescente número de poderes de sua atuação processual, isto é, à qualidade de seu agir em juízo.

Diante desse cenário, em 1998 a Suprema Corte americana modifica o seu próprio regimento interno para dispor sobre a figura do *amicus curiae*. De acordo com essa alteração, o instituto deve trazer sempre novas considerações que não foram enfrentadas pelas partes, respeitar os prazos estabelecidos, entre outras determinações procedimentais para elaboração do pedido de intervenção.

Assim, tem-se uma relevante amostra da utilização desse mecanismo para trazer novas informações para os tribunais. Priorizando, é claro, a qualidade dessa intervenção, visto que sua atuação tem o objetivo de melhorar uma possível decisão judicial e pluralizar os debates.

No direito italiano, "a figura desse terceiro, que cumpriria a função de *amicus curiae*, representa instrumento à disposição do julgador, para aperfeiçoamento da decisão, colocando-a dentro de seus poderes outorgados pela lei para o descobrimento da verdade" (DEL PRÁ, 2011, p. 36). Ou seja, não há presença dessa modalidade de intervenção apenas nos países que adotam o *common law*.

Esse contraponto é importante, visto que em países de sistema *civil law*, como a Itália, apesar da defesa do legalismo e da adstrição apenas ao que foi suscitado pelas partes, percebeu-se que "pode acontecer que, em função das complexas relações sociais, outros fatos, igualmente relevantes para o litígio mas, por qualquer razão, não levados em conta, pudessem pesar no julgamento". Assim, não há qualquer dispositivo legal nos códigos italianos que determine as condições para que ocorra a intervenção do *amicus curiae*, entretanto, há possibilidade de os juízes solicitarem informações a terceiros em determinados casos.

Dessa forma, a figura do *amicus curiae* será utilizada de diferentes formas pelos países, a depender do sistema jurídico adotado[1]. Essa contextualização, apesar de breve, é importante apenas para compreender como essa figura existe há muito tempo dentro dos ordenamentos jurídicos, e sua utilização será distinta em todos os países, mas sempre com um objetivo semelhante: trazer novas informações aos processos e ampliar as discussões através da participação da sociedade.

---

1 O objetivo do presente trabalho não é esgotar o contexto histórico de criação e utilização do *amicus curiae* pelo mundo, pois isso já foi feito anteriormente pela autora. Para leitura completa, recomenda-se: SALES, Teresa Helena Barros. ***Amicus Curiae* e a consolidação de precedentes na vigência do Código de Processo Civil de 2015**: uma análise dessa modalidade de intervenção nos processos das Varas Cíveis de São Luis e Tribunal de Justiça do Maranhão.

Assim, de forma geral, Scarpinella Bueno (2012, p. 143) afirma que "o *amicus curiae* sempre foi e continua sendo um 'terceiro' que intervém no processo por convocação judicial ou por livre iniciativa para fornecer ao juízo elementos reputados como importantes, úteis, quiçá indispensáveis, para o julgamento da causa".

Por isso, no Brasil, a primeira referência que se tem conhecimento é na Lei n. 6.385 de 1976[2], que regulamenta o mercado de valores imobiliários. Em seu art. 31, há determinação de que a Comissão de Valores Mobiliários pode intervir em processos judiciais que discutam objetos de sua competência. Tem-se, portanto, uma autorização expressa para intervenção de um terceiro estranho à lide.

Nessa linha, Del Prá (2011, p. 59) disserta que:

> Contudo, essa figura parece não se identificar totalmente com uma das funções desenvolvidas pelo *amicus curiae*. (...). De fato, a participação da CVM, afora prestar-se ao aporte de informações em benefício da corte, caracteriza-se pela participação voluntária do terceiro, em questões de seu interesse. Entretanto, a defesa desse interesse não se dá em exercício de um direito de participação democrática, mas em cumprimento a um dever legal. Ou seja, muito embora a hipótese se identifique com uma das facetas do instituto (intervenção voluntária), falta-lhe exatamente o atributo de tom mais democrático.

A crítica também é feita por Scarpinella Bueno (2012, p. 270), ao afirmar que a intervenção da CVM não seria tão neutra assim, visto que há um claro "interesse institucional de a legislação relativa ao mercado de capitais ser escorreitamente aplicada", ou seja, o objetivo da CVM é "viabilizar que o magistrado compreenda adequadamente o difícil e específico contexto normativo que rege o mercado de capitais, aplicando da melhor forma possível o direito aos fatos conflituosos" (BUENO, 2012, p. 271).

---

2 "Art. 31. Nos processos judiciários que tenham por objetivo matéria incluída na competência da Comissão de Valores Mobiliários, será esta sempre intimada para, querendo, oferecer parecer ou prestar esclarecimentos, no prazo de quinze dias a contar da intimação" (BRASIL, 1976).

Embora se reconheça a defesa dos interesses institucionais, não há que se falar em desnecessidade da intervenção, vez que com essa possibilidade podem-se ampliar os conhecimentos do magistrado diante daquele determinado conflito, permitindo uma discussão mais fundamentada e, possivelmente, uma decisão mais coerente e adequada aquele litígio.

Na mesma linha, havia uma previsão na Lei n. 8.884/94[3] até ser o dispositivo revogado em 2011, que dispunha sobre a manifestação do Conselho Administrativo de Defesa Econômica nos processos em que discutia a aplicação da própria lei. Entretanto, o dispositivo deixava expresso como seria a intervenção: na qualidade de assistente. Figura distinta do *amicus curiae.*

Porém, a doutrina entende que essa intervenção poderia ser em ambas as qualidades. Isso porque, de acordo com Del Prá (2011, p. 65), "a escolha ficaria a seu talante. Intervindo como assistente litisconsorcial, ficará submetido à justiça da decisão, exercerá os mesmos poderes e arcará com os mesmos ônus processuais das partes". Por outro lado, ingressando como *amicus curiae,* "sua atuação ficará restrita à prestação de informações e à manifestação sobre fatos e provas deduzidos no processo" (DEL PRÁ, 2011, p. 65).

De todo modo, novamente, o legislador colocou uma possibilidade de um terceiro atuar em processos em que não era parte inicialmente para, diante de sua *expertise,* trazer informações relevantes ao juízo sobre a causa que está sendo discutida. Devendo ser reconhecido, desde logo, que "o *amicus curiae* é um instituto de matriz democrático, uma vez que permite que terceiros penetrem no mundo fechado e subjetivo do processo para discutir objetivamente teses jurídicas que vão afetar toda a sociedade" (MARTINS; DA SILVEIRA, 2012, p. 121).

Por fim, a terceira lei que a doutrina dispõe como significativa dentro do caminho de reconhecimento do *amicus curiae* é a Lei n.

---

3 "Art. 89. Nos processos judiciais em que se discuta a aplicação desta lei, o CADE deverá ser intimado para, querendo, intervir no feito na qualidade de assistente" (BRASIL, 1994).

9.279/96[4], que dispõe sobre questões relativas à propriedade industrial. Entre seus artigos, há previsão de que o Instituto Nacional de Propriedade Privada ingresse em determinados processos, sem qualquer interesse a favor das partes, apenas para prestar informações sobre atos administrativos.

Carlos Del Prá (2011, p. 69) afirma que:

> (...) a situação do INPI assemelha-se àquelas verificadas com relação à CVM e ao CADE, porquanto todos esses órgãos serão obrigatoriamente intimados, por força de lei, mas sua concreta participação somente ocorrerá voluntariamente, quando presente uma situação de relevância nas informações/manifestações que possa fornecer.

Assim, pode-se falar que todos os órgãos exercem um poder de fiscalização e por isso a participação destes em processos que versam sobre suas áreas de atuação poderia enriquecer os debates e possibilitar ao julgador "obter melhor desempenho na construção da decisão, e a essa função restringia-se a atividade do *amicus curiae* até então".

Tem-se, portanto, importantes participações, mas que demonstravam apenas o interesse do legislador em resguardar o interesse público em determinadas atividades e/ou de trazer elementos para melhorar os aspectos técnicos e processuais das decisões. Foi a partir desse cenário, então, que se evidenciou a importância de discutir, também, o caráter democrático da figura do *amicus curiae*, e essa discussão se inicia, no Brasil, com as ações de controle de constitucionalidade (DEL PRÁ, 2011).

Inicialmente, é preciso entender a origem dessas modalidades de ações dentro do ordenamento jurídico brasileiro. Del Prá (2011, p. 73) afirma que a participação popular, a partir da Constituição Federal de 1988, começou a ser vista como algo positivo e necessá-

---

4 "Art. 57. A ação de nulidade de patente será ajuizada no foro da Justiça Federal e o INPI, quando não for autor, intervirá no feito; (...) Art. 175. A ação de nulidade do registro será ajuizada no foro da justiça federal e o INPI, quando não for autor, intervirá no feito" (BRASIL, 1996).

rio. Assim, novos instrumentos, como ação popular, mandado de segurança e outras ações coletivas, foram ganhando espaço, "possibilitando mais amplo debate nas instâncias jurisdicionais, com o objetivo de fazer valer os direitos constitucionalmente assegurados, quer de forma individual, quer coletiva".

Sobre isso, Luana Paixão Do Rosário (2009, p. 164) escreve:

> A abertura do Processo teve início com a criação de institutos processuais aptos a salvaguardar os dispositivos constitucionais que fixaram direitos subjetivos transindividuais. O direito coletivo à efetivação da Constituição fez com que o Judiciário passasse a atuar no espaço público e que os institutos processuais, que se destinavam às demandas individuais, evoluíssem para a tutela de interesses coletivos. O novo Direito Processual remodelou sua legitimidade, surgindo a tutela coletiva e as ações correspondentes. O advento da Ação civil pública, a legitimidade do Ministério Público para a propositura de ações, o poder geral de cautela do magistrado, a mitigação ao princípio da demanda, o desenvolvimento de microssistemas, a responsabilização de pessoas jurídicas, as tutelas de urgência e todo o desenvolvimento recente dos institutos de Processo Civil buscaram a superação do modelo individualista de demanda e instrumentalizaram crescente politização do Poder Judiciário.

Em 1999, portanto, entra em vigor a Lei n. 9.868, que dispõe sobre o processo e julgamento da ação direta de inconstitucionalidade e da ação declaratória de constitucionalidade perante o Supremo Tribunal Federal (BRASIL, 1999).

Antes de explicar a importância dessa legislação, vale ressaltar de forma breve a diferenciação entre os dois sistemas de controle de constitucionalidade adotados no Brasil: o difuso e o concentrado.

> O controle concentrado (abstrato) é feito exclusivamente pelo Supremo Tribunal Federal, guardião máximo da Constituição Federal (art. 102, *caput,* da Constituição Federal), por intermédio de três ações: a ação direta de inconstitucionalidade, a ação declaratória de constitucionalidade e a arguição de descumprimento de preceito fundamental (BUENO, 2012, p. 146).

Por outro lado, o controle difuso:

(...) pode ser realizado por qualquer juiz ou tribunal. Sem perder de vista que as Constituições Estaduais podem prever controle abstrato de constitucionalidade no âmbito estadual. Qualquer juiz ou tribunal pode, diante de um determinado caso, deixar de aplicar a lei ao vislumbrar sua inconstitucionalidade. A decisão é *inter partes*, ou seja, não afeta terceiros, estranhos à lide julgada. O controle de constitucionalidade integra a motivação do *decisum* e não seu dispositivo. Quando o julgado opera controle difuso de constitucionalidade, a lei atacada não é expurgada do ordenamento. Permanece vigente, válida e eficaz, apenas não se aplica ao caso decidido, porquanto ante este foi considerada inconstitucional (ABBOUD, 2017).

Dito isso, volta-se para o controle concentrado feito pelo STF, visto que o art. 7º, § 2º, da Lei 9.898/99[5] dispõe que, a depender da relevância da matéria, o relator do caso poderia admitir a "manifestação de outros órgãos ou entidades" (BRASIL, 1999).

Esse dispositivo, embora não utilize a expressa nomenclatura *amicus curiae*, já representa uma "abertura no sentido de o relator poder (e dever) buscar elementos seguros sobre os fatos subjacentes à lei cuja constitucionalidade é questionada, que viabilizem a formação de seu convencimento" (BUENO, 2012, p. 153).

Assim, esse procedimento pode ser considerado um início necessário para ampliar os debates dentro desses processos objetivos e, consequentemente, produzir decisões melhores. Válido ressaltar, ainda, que essa lei é de um projeto originário do Min. Gilmar Ferreira Mendes, após a tradução feita por ele também da obra de Peter Häberle em que discute uma teoria de abertura da interpretação da Constituição, conforme se demonstrará no próximo tópico.

Nesse contexto, portanto, têm-se as primeiras ampliações, de forma mais concreta, "dos canais de comunicação para o juiz cons-

---

5 "Art. 7º Não se admitirá intervenção de terceiros no processo de ação direta de inconstitucionalidade. (...) § 2º O relator, considerando a relevância da matéria e a representatividade dos postulantes, poderá, por despacho irrecorrível, admitir, observado o prazo fixado no parágrafo anterior, a manifestação de outros órgãos ou entidades".

titucional, possibilitando-lhe a coleta de informações por distintos meios". Assim, o legislador do CPC/2015 entendeu ser uma necessidade a positivação desse instrumento dentro do ordenamento jurídico processual brasileiro.

O art. 138 do CPC/2015 dispõe:

> Art. 138. O juiz ou o relator, considerando a relevância da matéria, a especificidade do tema objeto da demanda ou a repercussão social da controvérsia, poderá, por decisão irrecorrível, de ofício ou a requerimento das partes ou de quem pretenda manifestar-se, solicitar ou admitir a participação de pessoa natural ou jurídica, órgão ou entidade especializada, com representatividade adequada, no prazo de 15 (quinze) dias de sua intimação.
>
> § 1º A intervenção de que trata o caput não implica alteração de competência nem autoriza a interposição de recursos, ressalvadas a oposição de embargos de declaração e a hipótese do § 3º.
>
> § 2º Caberá ao juiz ou ao relator, na decisão que solicitar ou admitir a intervenção, definir os poderes do *amicus curiae.*
>
> § 3º O *amicus curiae* pode recorrer da decisão que julgar o incidente de resolução de demandas repetitivas (BRASIL, 2015).

A partir desse positivo, algumas análises são relevantes. Em relação à natureza jurídica, antes tão controversa, hoje pode se falar que se trata de uma figura definida como um terceiro. Entretanto, não se assemelha a figura do assistente ou de um incidente no processo, como as demais modalidades de terceiros trazidas no CPC/2015, pois participa trazendo informações e ampliando as discussões, entretanto, possui características peculiares.

Nesse ponto, válido trazer o que Aroldo Velozo de Carvalho Júnior (2017, p. 32) escreve em sua pesquisa:

> Há, contudo, uma característica muito própria do amigo da corte que o distingue das demais intervenções tipificadas na lei processual: o motivo da intervenção. Como visto ao longo deste trabalho, a assistência, a denunciação da lide, o chamamento ao processo e a desconsideração da personalidade jurídica trazem aos autos alguém que, não tendo participado da formação inicial da relação jurídico-processual, nela ingressa para defender interesse seu. O assistente pretende que o assistido ganhe, a fim de não sofrer os

reflexos da decisão que lhe for contrária; o denunciado pretende que o denunciante ganhe, uma vez que, se ele perder, sobrevir-lhe-á sentença condenatória em regresso; o chamado ingressa no feito para defender-se diretamente contra a pretensão deduzida pelo adversário do chamante; e a pessoa jurídica ou a pessoa física, admitida a desconsideração direta ou inversa da personalidade jurídica, defende-se também diretamente contra a pretensão deduzida pelo autor da ação.

Assim, o *amicus curiae*, de acordo com o autor citado (2017, p. 32), não tem um interesse efetivo no ganho da causa, sua atuação é apenas informativa. É, portanto, uma espécie de intervenção de terceiros atípica, com poderes especiais. Isso porque, de acordo com o dispositivo do CPC/2015, o *amicus* pode ingressar no processo de ofício ou a requerimento das partes, pode ser pessoa jurídica ou física e precisa ter representatividade, ou seja, atuar e/ou possuir conhecimentos específicos sobre aquele processo em que deseja participar. Ainda, essa intervenção pode ser feita em qualquer instância, não apenas em grau recursal, é discricionariedade do relator ou juiz definir os poderes e limites de atuação do *amicus* e ele pode recorrer das decisões em IRDR (BRASIL, 2015).

Dessa forma, percebe-se o crescimento significativo que o *amicus curiae* teve dentro do ordenamento jurídico brasileiro. Sua positivação no CPC/2015 representa um avanço nos anseios de participação popular e democratização dos debates dentro do Poder Judiciário. Nesse cenário, no próximo tópico, se discutirá a importância de se compreender, também, o pano de fundo teórico que se estabelece com a ampliação da figura do *amicus curiae* e que pode ter influenciado diretamente a atividade legislativa ao longo dos anos.

2.2 A TEORIA DE PETER HÄBERLE

A ideia de Peter Häberle parece fácil de se compreender a partir de uma premissa básica: todos os que vivem sob a égide de uma lei devem possuir meios para interpretá-la (HÄBERLE, 2002, p. 13). Entretanto, é preciso analisar o contexto da criação dessa tese pelo autor alemão e, mais ainda, como essa teoria pode ser vivenciada no cenário jurídico brasileiro a partir da legislação processual.

Inicialmente, Peter Häberle (2002, p. 13) parte do seguinte pressuposto:

> No processo de interpretação constitucional estão potencialmente vinculados todos os órgãos estatais, todas as potências públicas, todos os cidadãos e grupos, não sendo possível estabelecer-se um elenco cerrado ou fixado com *numerus clausus* de intérpretes da Constituição.

Vivia-se, portanto, em um cenário de que a interpretação constitucional era atividade exclusiva de um grupo fechado. Era algo que dizia respeito "apenas aos intérpretes jurídicos 'vinculados às corporações' e aqueles participantes formais do processo constitucional" (HÄBERLE, 2002, p. 13). Entretanto, o autor tenta demonstrar que o processo de interpretação, na verdade, pode ser feito por uma sociedade aberta, pois "o conceito de interpretação reclama um esclarecimento que pode ser assim formulado: quem vive a norma acaba por interpretá-la ou pelo menos co-interpretá-la" (HÄBERLE, 2002, p. 13).

A partir disso, pode se falar que a primeira contribuição de Häberle ocorre com a discussão de que a ampliação da interpretação constitucional é um pressuposto de qualquer ambiente democrático. Para ele (2002, p. 14), "é impensável uma interpretação da Constituição sem o cidadão ativo", e essa participação ativa só ocorre verdadeiramente dentro de uma democracia, de um ambiente em que os indivíduos possam se expressar e participar dos processos decisórios.

> Todo aquele que vive no contexto regulado por uma norma e que vive com teste contexto é, indireta ou, até mesmo diretamente, um intérprete dessa norma. O destinatário da norma é participante ativo, muito mais ativo do que se pode supor tradicionalmente, do processo hermenêutico. Como não são apenas os intérpretes jurídicos da Constituição que vivem a norma, não detêm eles o monopólio da interpretação da Constituição (HÄBERLE, 2002, p. 15).

Assim, Häberle lista quem poderiam ser os intérpretes da Constituição. Para o autor, podem-se colocar: i) as funções estatais, na figura dos juízes e órgãos com poder de decisão; ii) os requerentes, peritos, pareceristas, associações, partidos políticos e demais grupos de pressão organizados; iii) a própria opinião pública expressa através da mídia, cartas e demais iniciativas populares; iv) a doutrina constitucional (HÄBERLE, 2002, p. 22).

Aqui pode se identificar outra grande contribuição de Peter Häberle. Além de se entender a ampliação do rol de intérpretes como algo necessário dentro do ambiente democrático, o autor enumera diversos grupos sociais que teriam aptidão para contribuir dentro dos tribunais, excluindo, portanto, a ideia de que a interpretação de uma lei é atividade exclusiva do Estado. Para ele, "o cidadão que formula um recurso constitucional é intérprete da Constituição tal como o partido político que propõe um conflito entre órgãos" (HÄBERLE, 2002, p. 23).

Nesse ponto, importante trazer a ressalva feita por Häberle no que diz respeito à diferença de função entre os possíveis intérpretes da Constituição. Isso porque:

> O poder de conformação de que dispõe o legislador enquanto intérprete da Constituição diferencia-se, qualitativamente, do espaço que se assegura ao juiz constitucional na interpretação, porque este espaço é limitado de maneira diversa, com base em argumentos de índole técnica. (...) O processo político não é um processo liberto da Constituição; ele formula pontos de vistas, provoca e impulsiona desenvolvimentos que, depois, se revelam importantes da perspectiva constitucional (HÄBERLE, 2002, p. 27).

Assim, é preciso entender que cada um vai exercer sua função e sua contribuição dentro do seu próprio âmbito de atuação. Mas todos devem possuir a capacidade de debater sobre determinados assuntos quando se sentirem afetados por possíveis decisões dentro do Poder Judiciário.

Entretanto, é preciso admitir que esse rol de intérpretes pode sofrer determinadas objeções e críticas. Conforme o próprio Peter Häberle (2002, p. 29) escreve em seu livro, "dependendo da forma como seja praticada, a interpretação constitucional poderá *'dissolver-se'* num grande número de interpretações e de intérpretes". Assim, como se chegaria a uma interpretação final para o caso em questão diante de tantas participações relevantes? A resposta de Häberle se encontra na legitimidade que cada grupo social pode ter.

Essa questão da legitimação é discutida diante de todas as figuras que não possuem o poder, de fato, de interpretar, como juízes e demais membros do Poder Judiciário que possuem competência de atuação pela própria Constituição Federal, assim como os órgãos estatais e demais parlamentares frente ao Poder Legislativo. Nesse cenário, Häberle traz mais um ponto de sua teoria explicando outro ponto de vista sobre o que seria a legitimação:

> A estrita correspondência entre vinculação (à Constituição) e legitimação para a interpretação perde, todavia, o seu poder de expressão quando se consideram os novos conhecimentos da teoria da interpretação: interpretação é um processo aberto. Não é, pois, um processo de passiva submissão, nem se confunde com a recepção de uma ordem. A interpretação conhece possibilidades e alternativas diversas. A vinculação se converte em liberdade na medida que se reconhece que a nova orientação hermenêutica consegue contrariar a ideologia da subsunção. A ampliação do círculo dos intérpretes aqui sustentada é apenas a consequência da necessidade, por todos defendida, de integração da realidade no processo de interpretação. É que os intérpretes em sentindo amplo compõem nessa realidade pluralista (HÄBERLE, 2002, p. 30).

Dessa forma, por se considerar um processo aberto e por entender que a norma não é um fim em si mesmo, a legitimação não ocorrerá, exclusivamente, por meio da legislação. A própria Constituição permite essa abertura porque tem um objetivo de integração entre os sujeitos, e essa integração perpassa pela ampla capacidade de participação da população. Häberle (2002, p. 34) escreve que "limitar a hermenêutica constitucional aos intérpretes 'coorporativos' ou autorizados (...) pelo Estado significaria um empobrecimento ou um autoengodo".

A construção dessa sociedade aberta perpassa, portanto, por uma compreensão da construção da própria democracia. E ela não deve ser construída somente através da delegação de poderes por meio de lei. Para Häberle (2002, p. 36), "numa sociedade aberta, ela se desenvolve também por meio de formas refinadas de mediação do processo público e pluralista da política e da práxis cotidiana, especialmente mediante realização dos Direitos Fundamentais". Assim, defende-se a ideia de que, dentro de uma sociedade democrática, o povo não deve ser visto apenas como um aglomerado de pessoas que elegem seus representantes politicamente, mas, sobretudo, como "um elemento pluralista para a interpretação que se faz presente de forma legitimadora no processo constitucional: como partido político, como opinião científica, como grupo de interesse, como cidadão" (HÄBERLE, 2002, p. 37).

Nesse contexto, a legitimidade da sociedade civil de interpretar a Constituição se encontra nela própria, tal qual um direito fundamental de cidadania. E essa concepção de legitimidade só pode ser compreendida a partir de uma ruptura do pensamento de que democracia é apenas um regime político de participação de todos. Passa a ser, também, um processo dentro do qual a sociedade encontra-se apta para "oferecer alternativas para a interpretação constitucional" (HÄBERLE, 2002, p. 43).

A partir disso, é preciso ampliar essa participação dentro do processo constitucional criando-se mecanismos para concretizar essa participação e garantir uma efetiva prestação jurisdicional. Dessa forma, Häberle (2002, p. 44) afirma que "os tribunais devem ser extremamente cautelosos na aferição da legitimidade das decisões do legislador democrático". Essa cautela deve ocorrer a partir de um controle de participação desses diferentes grupos, aferindo quem, de fato, pode contribuir para o proferimento de uma decisão adequada naquele determinado caso.

> Devem ser desenvolvidas novas formas de participação das potências públicas pluralistas enquanto intérpretes sem sentido amplo da Constituição. (...) A interpretação constitucional realizada pelos juízes pode-se tornar, correspondentemente, mais elástica e ampliativa (HÄBERLE, 2002, p. 48).

Diante desse contexto de busca por novos mecanismos para ampliar a participação popular, pode-se trazer a figura do *amicus curiae*. A partir do momento em que se entende como necessário pluralizar os debates judiciais e garantir uma abertura dentro da interpretação constitucional, o *amicus curiae* funciona como um efetivo instrumento para alcançar esse objetivo, vez que ele tem aptidão de trazer aspectos técnicos para o processo e permite que grupos sociais sejam ouvidos e representados.

Para Débora Costa Ferreira (2017, p. 24), na verdade, a teoria de Häberle acaba por trazer novas exigências para a participação desse instituto dentro dos processos. Segundo a autora, não deve haver apenas novas informações, mais que isso, é preciso cumprir "a função de legitimar e pluralizar a jurisdição constitucional, por meio da máxima consideração de valores e pontos de vista sociais".

Dentro desse contexto de busca por mais legitimidade nas decisões judiciais e de necessidade de ampliação da participação popular, o CPC/2015 positiva o *amicus curiae* como um terceiro que pode cumprir essa função perante a sociedade e o Poder Judiciário.

> Assim, a participação direta da sociedade na prestação jurisdicional pelo instrumento do *Amicus Curiae*; para além dos limites liberais da ampla defesa e do contraditório, que atendem aos interesses das partes; em situações em que o debate hermenêutico judicial tem transcendência social, tende a pacificar as tensões entre os vários argumentos existentes na"comunidade de intérpretes"– que em uma democracia deve participar dos atos de poder – criando uma decisão com força argumentativa potencialmente indutora de consenso (DO ROSÁRIO, 2009, p. 169).

A ideia de trazer mecanismos para pluralizar os debates e democratizar as decisões judiciais é algo extremamente importante. Ainda, a importação da teoria de Häberle dentro da compreensão de que a legislação pode ser interpretada por outros grupos é essencial para auxiliar os magistrados no dever de fundamentar as decisões e na própria formação de precedentes legítimos, adequados e vinculativos. Nesse ponto:

> A motivação é, pois, imprescindível. É o modo de o tribunal dialogar com a sociedade, de se expor ao controle democrático, viabilizando a crítica ou a adesão racional da comunidade dos que se inserem no ordenamento constitucional. O dever de motivar sufi-

cientemente as decisões judiciais – sobretudo aquelas que versam os casos difíceis de ponderação –, por isso mesmo, é inseparável da noção de responsabilidade inerente ao exercício de qualquer Poder Público (BRANCO, 2009, p. 244).

A partir disso, no próximo tópico discutir-se-ão os pontos mais importantes da figura do *amicus curiae*, as críticas e possíveis limitações à atuação desse instituto. Faz-se necessário, também, compreender como suas características podem se coadunar com a teoria de Häberle dentro das alterações ocorridas na legislação processual brasileira e de que forma a sociedade pode se abrir para participar dos processos decisórios.

2.3 A EXTENSÃO DA TEORIA DA SOCIEDADE ABERTA DE HÄBERLE: SUA INTERPRETAÇÃO EM DIPLOMAS LEGAIS INFRACONSTITUCIONAIS A PARTIR DA FIGURA DO *AMICUS CURIAE* NO CPC/2015

Antes de compreender o *amicus curiae* como um instrumento que pode garantir a visibilidade da teoria de Häberle dentro da legislação brasileira, é importante se debruçar sobre as nuances dessa teoria já explicada no tópico anterior. Isso porque trata-se de uma abertura no processo de interpretação da Constituição, e aqui se buscou estudar uma figura positivada em um diploma infraconstitucional, qual seja o CPC/2015.

Para compreender essa relação, é preciso analisar que a ideia de Häberle sempre foi garantir que todos participassem do processo de interpretação em si. O autor fala em Constituição por enxergar na Carta Magna o compilado de dispositivos que deverão ser observados por todos, na criação e aplicação de qualquer lei.

Assim, se o CPC/2015 traz regramentos que afetarão todas as relações jurídicas comuns dentro da sociedade civil, nada mais coerente que os destinatários dessa norma também possam participar dessa atividade interpretativa. Tal fato se observa desde as primeiras aparições de instrumentos de ampliação da cognição através da possibilidade de intervenção de terceiros, como as leis do CADE e do INPI. E, anos depois, através das ações constitucionais dentro do Supremo Tribunal Federal.

Percebe-se, dessa forma, que, inicialmente, de forma mais expressiva, a manifestação do *amicus curiae* ocorreu para abertura do processo constitucional em si. Entretanto, a partir do momento que o próprio CPC/2015 traz o dever de observância obrigatória aos entendimentos dos Tribunais Superiores, já demonstra que essa ampliação também pode ocorrer para os Tribunais Estaduais e demais órgãos estatais. Nessa linha, "é possível afirmar que a Jurisdição Constitucional no Brasil adota, hoje, um modelo procedimental que oferece alternativas e condições as quais tornam possível, de modo cada vez mais intenso, a interferência de uma pluralidade de sujeitos, argumentos e visões no processo constitucional" (MENDES; DO VALE, 2009, p. 4).

A partir disso, remete-se a ideia de Häberle sobre o significado de uma interpretação normativa. Para ele (2002), nada mais seria do que integrá-lo à realidade vivida na sociedade. Assim, se a interpretação perpassa pela integração, ela não pode ser ampliada apenas aos direitos fundamentais previstos na Constituição. Deve, sim, ser participativa em todas as instâncias e demais diplomas legais.

Nesse contexto, pode-se falar que a figura do *amicus curiae* por si, desde as mais remotas aparições, sempre significou ampliação da participação dentro de um processo, trazendo informações e outros aspectos que ainda não tinham sido suscitados em juízo. Nessa ideia, a partir de sua positivação no CPC/2015, tem-se uma intenção legislativa de dar um caráter extremamente democrático e inclusivo ao processo civil, vez que abre a possibilidade de ser utilizado para dar voz a diversos grupos e entidades sociais dentro de um processo judicial.

É relevante, então, entender a importância de abertura desse processo de interpretação dentro do Brasil. Isso porque a ideia de pluralizar a participação social é uma forma de fortalecer o próprio Poder Judiciário.

Trazer a sociedade pluralista à participação política, no âmbito do Poder Judiciário, reforça a legitimidade democrática deste poder. Democratizar as discussões travadas no STF, estabelecendo um diálogo com os setores organizados da sociedade civil, não acarreta na perda de independência do Tribunal Constitucional, confere-lhe maior legitimidade social, visto que a interpretação da norma não interessa apenas aos seus intérpretes formais, mas a todos aqueles que convivem na sociedade (DO ROSÁRIO, 2009, p. 168).

Dessa forma, percebe-se que a legitimação de uma decisão judicial não deve existir apenas pela figura de poder que o magistrado possui, mas deve ocorrer a partir do momento que os destinatários daquela norma aplicada participam e contribuem para aquela decisão, afinal, serão os mais afetados com ela. A ideia é trazer a reflexão de que "o Poder Judiciário precisa ser pensado para democratizar suas decisões e permitir a participação da sociedade civil, o que pode ocorrer através do discurso no cenário processual" (DA SILVA, 2012, p. 12).

Aqui pode-se perceber o ponto principal do trabalho: a relação que se estabelece entre a teoria de Häberle, a figura do *amicus curiae* e a importância de trazer mais legitimidade às decisões judiciais frente ao caráter mandamental do CPC/2015 de fundamentar as decisões e de observância dos precedentes. Sobre isso, Paulo Gonet Branco (2009, p. 239) escreve que:

> Se a necessidade de se ouvir uma comunidade variada de interessados, por si, já é fator de limitação ao subjetivismo a que se inclinam os juízos de ponderação, é na exigência da fundamentação que essa barreira se vê reforçada. A necessidade de fundamentar decisórios há de conter o julgador e, simultaneamente, constitui o mecanismo assecuratório de racionalidade e representatividade da jurisdição constitucional, robustecendo a sua legitimidade no sistema democrático.

A ideia é, portanto, expandir as possibilidades da própria argumentação jurídica, tão limitada à dogmática e ao legalismo jurídico. Com a possibilidade de se ter mecanismos de participação popular dentro de um processo, buscar-se-á "conciliar os argumentos do decisório com os significados das normas mais aceitos pela comunidade" (BRANCO, 2009, p. 240). E isso, consequentemente, pode fazer com que as decisões tomadas resultem "em máximas capazes de universalização, de repetição no futuro em hipóteses análogas" (BRANCO, 2009, p. 240).

Nesse contexto, é essencial maximizar a importância de abandonar o solipsismo dentro do Poder Judiciário e buscar meios para que a comunicação entre as partes, magistrado e demais participantes da relação processual seja mais efetiva e colaborativa. É necessário, portanto, não apenas "dizer" o direito, mas, sobretudo, "construí-lo, a partir de um diálogo sincero e aberto, em que o aplicador se reconhece guiado por pré-compreensões, mas se esforça por cotejá-las com as razões que lhe são trazidas, no empenho por alcançar uma deliberação pretendidamente justa e correta" (BRANCO, 2009, p. 241).

A partir dessa compreensão, os conceitos de legitimidade e democracia estão intimamente ligados e precisam ser reforçados para que os mecanismos adotados pela legislação processual sejam efetivos. Nesse sentido, Mônia Leal (2008, p. 35) escreve:

> Assim, também a interpretação da Constituição – enquanto um produto cultural e aberto – pressupõe um exercício democrático cotidiano de participação não no sentido hermenêutico, técnico, propriamente dito, conforme já referido anteriormente, mas como um *locus* de exercício do *status activus processualis*. Tal assertiva encontra o seu fundamento no fato de que, em um Estado Democrático, também a questão da legitimidade deve ser colocada numa perspectiva democrática; sendo que a democracia não se desenvolve unicamente a partir dos aspectos formais, antes, pelo contrário, ela se dá cotidianamente, na política e na práxis, fato que, mais uma vez, reforça o aspecto da necessária participação mencionado acima. Dentro deste contexto, em que a supremacia do povo não se dá somente por meio do voto, a interpretação e a vivência da Constituição aparecem, pois, como um espaço de exercício e como condição necessária desse mesmo elemento democrático.

Dessa maneira, dentro desse espaço democrático, sabe-se que "é possível a atribuição de uma quantidade imensurável de significados a um mesmo texto constitucional" (ROCHA, 2017, p. 91). Entretanto, isso não deve ser visto como obstáculo para mitigar a participação popular. Isso porque essa garantia é uma forma de concretizar a ampliação da Constituição e um meio para que o procedimento seja mais participativo.

> O processo (falo aqui do processo jurisdicional, mas essa observação serve também ao processo legislativo) deve servir como mecanismo de controle da produção das decisões judiciais. E por quê? Por pelo menos duas razões: a primeira, porque, como cidadão, eu tenho direitos, e, se eu os tenho, eles me devem ser garantidos pelo tribunal, por meio de um processo; a segunda, porque, sendo o processo uma questão de democracia, eu devo com ele poder participar da construção das decisões que me atingirão diretamente (de novo: isso serve tanto para o âmbito político como para o jurídico). Somente assim é que farei frente a uma dupla exigência da legitimidade, a mediação entre as autonomias pública e privada. Sou autor e destinatário de um provimento. Por isso é que tenho direito de participar efetivamente do processo (STRECK, 2015, p. 36).

Partindo desse pressuposto de legitimidade pela participação popular, entende-se que o CPC/2015 inova ao positivar meios para ampliar a cognição, pluralizar os debates e traz novos mecanismos para uniformizar decisões, criando incidentes e trazendo requisitos para formação de precedentes a serem utilizados em casos futuros. E consegue responder, ainda que de forma incipiente, ao déficit democrático dentro do Poder Judiciário já mencionado anteriormente.

> O primeiro problema é que existe uma ampliação do déficit democrático gerado pela atividade constitutiva do juiz em decorrência do aumento das hipóteses de decisões com vinculação obrigatória. Conforme visto a forma mais viável para mitigar esse déficit democrático é simplesmente permitir a participação da sociedade civil no processo de interpretação constitucional, através do *amicus curiae*. A ampla utilização do *amicus curiae*, não apenas nos processos de controle abstrato de constitucionalidade, mas em todos os processos em que existe uma atividade constitutiva do juiz ao realizar a interpretação da Constituição, bem como possui a possibilidade de atribuição do efeito *erga omnes*, tem o condão de mitigar o *deficit*

> democrático dessas decisões, principalmente a vista da valorização dos precedente judiciais como fonte do direito brasileiro, bem como do aumento das hipóteses de decisões com vinculação obrigatória gerada pelo novo CPC (ROCHA, 2017, p. 91).

Assim, entre esses intrumentos, ressalta-se aqui a figura do *amicus curiae* como necessária para resguardar os princípios do contraditório e cooperação dentro de processos. Isso porque sua participação permite que outras vozes sejam ouvidas e que indivíduos externos possam contribuir com decisões que podem afetar toda uma coletividade a longo prazo.

Nessa linha, é nítida a relação entre a garantia do contraditório a partir da ampliação de mecanismos de participação popular e o dever de motivação das decisões judiciais para possuírem aptidão em formar precedentes. Luis Carlos de Sousa Amorim (2018, p. 204) afirma que "rompe-se, dessa forma, com o paradigma tradicional do contraditório, consagrando-se um modelo que resulta da aplicação do princípio democrático no processo, uma vez que a democracia exige a criação de meios que garantam a efetiva participação dos cidadãos nas estruturas de poder do Estado." A garantia desse princípio, portanto, "passa a ser o instrumento que permite a comunicação recíproca entre as partes e o juiz, agente político do Estado" (AMORIM, 2018, p. 204).

Dessa forma, é importante compreender a postura que a doutrina adota ao compreender esse instituto como um legitimador de decisões. Embora existam outros meios para que isso ocorra, desde logo é necessário enxergar no *amicus curie* um mecanismo eficiente para garantir a concretização de princípios fundamentais.

> Destarte, podemos concluir que a figura do *amicus curiae* constitui um importante instrumento para a democratização dos debates judiciais, conferindo a estes um colorido especial que realça a legitimidade na criação dos precedentes. Pode-se afirmar, portanto, que o amigo da corte é corolário da moderna hermenêutica constitucional, bem como encontra protagonismo na teoria da sociedade aberta dos intérpretes da constituição, magistralmente erigida por Peter Häberle e admitida em nossa ordem jurídica (SOUZA; MENEZES, 2014, p. 20).

A partir desse contexto, "para que a decisão seja tão mais aperfeiçoada e legítima dentro de um contexto jurisdicional de participação popular, mister se faz que a interpretação seja enriquecida pela argumentação pluralista, objetivo que vai ao encontro da *ratio* do *amicus curiae*" (CABRAL, 2003, p. 139). Ou seja, uma decisão que consegue sintetizar as discussões travadas entre as partes e as informações técnicas e específicas de um terceiro como o *amicus* acaba por garantir o contraditório, a liberdade de expressão de grupos sociais e possibilita o que tem de mais importante dentro de um governo democrático: o debate sobre questões relevantes.

O aspecto de ampliação do debate tem outro importante desdobramento já trazido anteriormente neste trabalho, qual seja o da formação de precedentes qualificados. Isso porque "no momento em que uma decisão dada no bojo de um processo irá influenciar ou determinar diversas outras relações jurídicas, é necessário haver formas para que terceiros possam se manifestar, ou trazer novas teses jurídicas a serem analisadas no momento em que se discute a criação de um precedente" (AMARAL, 2014, p. 80).

Dessa forma, o CPC/2015, ao inovar em suas disposições criando incidentes de demandas repetitivas, permitindo intervenção do *amicus curiae* e maximizando a importância dos precedentes, possui o claro objetivo de aproximar a sociedade do Poder Judiciário, sem fazer com que isso contribua para o assoberbamento da Justiça no Brasil. Assim, a teoria de Häberle funciona como um excepcional ponto de partida teórico para compreender a necessidade de dar voz às entidades que compõem a sociedade. Entretanto, é preciso investigar a efetividade desses mecanismos na prática e como os grupos sociais têm se feito presente nos tribunais. E essa investigação será o objeto do próximo capítulo.

3

Análise da Intervenção do *Amicus Curiae* no Poder Judiciário do Maranhão

Nesse ponto, importante ressaltar que toda a pesquisa se fundamenta na problematização sobre a figura do *amicus curiae* e sua aptidão para formação de precedentes qualificados. Para responder a esse questionamento, partiu-se, inicialmente, de resultados já obtidos em uma pesquisa de campo anterior realizada[1].

Na referida pesquisa, adotou-se como marco temporal o período de promulgação da Lei n. 13.105/2015, qual seja março de 2015 até março de 2017. O marco local foi o Tribunal de Justiça do Estado do Maranhão, tendo sido analisadas em 1ª instância as 16 varas cíveis do Fórum de São Luís, a Vara de Interesses Difusos e Coletivos e, em 2ª instância, todos os processos cíveis que tiveram a intervenção do *amicus curiae* como terceiro interessado.

De forma objetiva, percebeu-se que, em primeira instância, a presença do *amicus* era ainda incipiente e ocorria mais nos processos coletivos, porém a participação não era qualificada e o terceiro apa-

---

1 A presente pesquisa já mencionada anteriormente pode ser encontrada aqui: SALES, Teresa Helena Barros. ***Amicus Curiae* e a consolidação de precedentes na vigência do Código de Processo Civil de 2015**: uma análise dessa modalidade de intervenção nos processos das Varas Cíveis de São Luis e Tribunal de Justiça do Maranhão.

recia mais para acompanhar o resultado do processo do que efetivamente participar do resultado.

Em segunda instância, por conta do pequeno lapso temporal observado, poucos processos no Tribunal de Justiça possuíam acórdão e em muitos encontrava-se apenas manifestações do relator, sem voto do Pleno, e as petições das instituições que interviram como *amicus* ainda não tinham sido analisadas pelos demais desembargadores.

Percebeu-se, portanto, a inexpressividade dessa figura em primeira instância e uma grande quantidade de intervenções em segundo grau, porém, sem a devida apreciação. A partir disso, cinco anos depois da promulgação do CPC/2015, a pesquisa se volta apenas para o Tribunal de Justiça e foca nos dois incidentes processuais positivados pelo CPC/2015: o incidente de resolução de demandas repetitivas e o incidente de assunção de competência.

A delimitação do estudo se deu por conta da importância que esses dois incidentes tiveram na conjuntura processual brasileira e na possibilidade de suas decisões formarem precedentes mais qualificados. Assim, necessário investigar como o contraditório, através da ampliação de participação popular, está ocorrendo nesses casos. E, mais ainda, importante perceber como o Poder Judiciário maranhense vem atuando e gerenciando esses incidentes.

Dessa forma, metodologicamente, a abordagem foi, inicialmente, quantitativa, para uma compreensão de quantos incidentes foram instaurados nos primeiros cinco anos de vigência do CPC/2015 e quantos tiveram a ampliação da participação popular através da intervenção dos *amici curiae*. Após essa amostragem, analisaram-se os memoriais apresentados para verificar a qualidade das manifestações e, finalmente, realizar um comparativo entre as manifestações apresentadas e as decisões proferidas pelos desembargadores.

Assim, mediante os resultados da referida investigação, buscou-se constatar se, de fato, o *amicus curiae* tem sido um instrumento utilizado e amplamente aceito entre a sociedade civil e o Poder Judiciário. E, ainda, se, com a presença desse terceiro qualificado, as decisões conseguem ter melhor fundamentação a partir dos argumentos trazidos e, consequentemente, podem formar precedentes mais qualificados.

3.1 OS INCIDENTES DE RESOLUÇÃO DE DEMANDAS REPETITIVAS ADMITIDOS NO TRIBUNAL DE JUSTIÇA DO ESTADO DO MARANHÃO

Nesse ponto, os dados obtidos de todos os processos estavam disponíveis na plataforma do NUGEP/MA – Núcleo de Gerenciamento de Precedentes do Tribunal de Justiça do Estado do Maranhão[2]. Dessa forma, os incidentes foram catalogados e organizados na seguinte tabela:

2 Os dados analisados se encontram no *site* do NUGEP/MA: http://site.tjma.jus.br/nugep.

Tabela 1: Processos – Incidentes de Resolução de Demandas Repetitivas TJ/MA.

N. do Processo	Quem suscitou?	Presença de terceiros como *Amicus Curiae*?	Julgado? Se sim, qual a tese firmada?
0001689-69.2015.8.10.0044	**Des. Rel. Paulo Sérgio Velten Pereira**	• Sindicato dos Servidores da Justiça do Estado do Maranhão (1º *Amicus curiae*) • Associação dos Servidores do Tribunal de Contas do Maranhão (2º *Amicus curiae*) • Sindicato dos Servidores do Ministérios Público do Maranhão (3º *Amicus curiae*) • Sindicato dos Funcionários do Grupo Tributação Arrecadação e Fiscalização da Secretaria da Fazenda do Estado do Maranhão (4º *Amicus curiae*) • Associação dos Delegados de Polícia do Estado do Maranhão (5º *Amicus curiae*) • Sindicato dos Trabalhadores em Educação Básica das Redes Públicas Estadual e Municipais de Estado do Maranhão (6º *Amicus curiae*)	**Sim:** "A Lei Estadual n. 8.369 /2006 trata de reajustes específicos de vencimentos concedidos a grupos setoriais de servidores, não versando sobre revisão geral anual, sendo incabível, a pretexto de assegurar a isonomia, estender a aplicação de seus dispositivos a servidores por ela não contemplados expressamente."
0003916-33.2016.8.10.0000	**Des. Rel. José de Ribamar Castro**	i) Sindicato dos Funcionários do Grupo Tributação, Arrecadação, Fiscalização da Secretaria da Fazenda do Estado do Maranhão – SINTAF; ii) Associação dos Delegados de Polícia do Estado do Maranhão – ADEPOL/MA; iii) Associação dos Servidores do Tribunal de Contas do Estado do Maranhão – ASTCE; iv) Sindicato dos Trabalhadores em Educação Básica das Redes Públicas Estadual e Municipais do Estado do Maranhão – SINPROESEMMA;	**Sim:** "As Leis n. 8.970/09 e 8.971/09 não possuem caráter de revisão geral e anual, porquanto implementaram reajuste específico e setorial, descabendo o direito dos servidores públicos estaduais à diferença de 6,1%, referente a percentual maior concedido para determinada categoria."
0008456-27.2016.8.10.0000	**Des. Rel. Paulo Sérgio Velten Pereira**	• Sindicato dos Trabalhadores em Educação Básica das Redes Públicas Estadual e Municipais do Estado do Maranhão (1º *Amicus curiae*) • Comissão dos Professores Excedentes do Concurso SEGEP (2º *Amicus curiae*)	OBS.: RE e RESP PENDENTES AINDA, MAS O MÉRITO JÁ FOI JULGADO PELO TJ: "Os candidatos excedentes, em concurso público para professor do Estado, não têm direito à nomeação em razão da contratação de professores temporários dentro do prazo de validade do certame para o mesmo local e disciplina de aprovação dos excedentes, ante a inexistência de cargo efetivo a ser provido, assegurada, todavia, a manutenção das nomeações realizadas até a fixação desta tese."

0000340-95.2217.8.10.0000	**Des. Rel. Paulo Sérgio Velten Pereira**	• Banco do Brasil S/A (1º *Amicus curiae*) • Instituto de Proteção e Defesa do Consumidor do Maranhão PROCON (2º *Amicus curiae*) • Instituto Brasileiro de Estudo e Defesa das Relações de Consumo – IBEDECMA (3º *Amicus curiae*)	**Sim**: "É lícita a cobrança de tarifas bancárias para o recebimento de proventos e/ou benefícios previdenciários, por meio de cartão magnético do INSS e através da conta de depósito com pacote essencial, sendo possível a cobrança de tarifas bancárias na contratação de pacote remunerado de serviços ou quando excedidos os limites de gratuidade previstos na Res. 3.919/2010 do BACEN, desde que o aposentado seja prévia e efetivamente informado pela instituição financeira."
0008932-65.2016.8.10.0000	**Des. Rel. Jaime Ferreira de Araújo**	• Ordem dos Advogados do Brasil – OABMA (1º *Amicus curiae*) • Instituto de Proteção e Defesa do Consumidor do Maranhão PROCON (2º *Amicus curiae*) • Federação Brasileira de Bancos – FEBRABAN (3º *Amicus curiae*) • Defensoria Pública do Estado do Maranhão (4º *Amicus curiae*) • Sociedade Maranhense de Ensino Superior LTDA/FACAM – Faculdade do Maranhão (5º *Amicus curiae*) • Banco Itaú Consignado S.A. (6º *Amicus curiae*) • Banco do Brasil S.A. (7º *Amicus curiae*) • Banco Bradesco Financiamento S.A. (8º *Amicus curiae*) • BV Financeira S/A Crédito Financiamento e Investimento (9º *Amicus curiae*) • ABBC – Associação Brasileira de Bancos (10º *Amicus curiae*) • Banco Industrial do Brasil (11º *Amicus curiae*)	**Sim**: Foram firmadas 4 teses que serão expostas no texto, mas duas estão pendentes de Recurso.
0004884-29.2017.8.10.0000	**Des. Rel. Jamil de Miranda Gedeon Neto**	• Dualibe Mascarenhas & Advogados Associados (1º *Amicus curiae*)	O mérito já foi julgado. Foram firmadas 4 teses, mas uma não pode ser aplicada porque seu conteúdo está sendo discutido em Recurso nos Tribunais Superiores.
0801095-52.2018.8.10.0000	**Des. Rel. Vicente de Paula Gomes de Castro**	Associação dos Policiais Militares do Médio Mearim – ASPOM-MEM	O mérito já foi julgado. Foram firmadas 4 teses, mas há uma discussão sobre elas em sede de Recurso Extraordinário no STF.

O primeiro incidente instaurado pelo Tribunal de Justiça do Maranhão (TJ/MA) se deu por conta de uma apelação interposta em um processo que versava sobre eventual direito dos servidores estaduais à diferença remuneratória de 21,7%. Na verdade, a referida apelação apenas despertou os desembargadores para a questão controversa, visto que já havia, só em segunda instância, mais de 380 processos discutindo a possibilidade de o Poder Judiciário interpretar pela implementação desse percentual ao salário dos servidores públicos.

Nesse contexto, o incidente foi instaurado pelo Des. Paulo Velten e admitido em maio de 2016, sob o seguinte fundamento:

> Ademais, há risco de ofensa à isonomia e à segurança jurídica, uma vez que é consabido que há divergência de entendimentos entre os julgadores do 1º grau e que no julgamento da Ação Rescisória 36.586/2014 houve uma guinada na jurisprudência das Segundas Câmaras Cíveis Reunidas quanto à matéria, na medida em que seis julgadores se posicionaram contrários à concessão do referido reajuste, rescindindo por expressa maioria o Acórdão proferido nos autos do Reexame Necessário 2.681/2012, que garantiu a implantação do percentual de 21,7% aos servidores do Judiciário maranhense (MARANHÃO, 2016).

Diante da divergência de posicionamentos entre as Câmaras Cíveis do Tribunal de Justiça, o referido IRDR foi admitido e colocado em pauta para julgamento pelo Pleno. Nos meses subsequentes, seis associações foram admitidas na qualidade de *amicus curiae*: i) Sindicato dos Servidores da Justiça do Estado do Maranhão; ii) Associação dos Servidores do Tribunal de Contas do Maranhão – ASTCE; iii) Sindicato dos Servidores do Ministério Público do Estado do Maranhão; iv) Sindicato dos Funcionários do Grupo Tributação, Arrecadação e Fiscalização da Secretaria da Fazenda do Estado do Maranhão – SINTAF; v) Associação dos Delegados de Polícia do Estado do Maranhão – ADEPOL/MA; vi) Sindicato dos Trabalhadores em Educação Básica do Estado do Maranhão – SINPROESEMMA.

O despacho admitindo essas entidades foi da seguinte forma:

> Nos termos do art. 138 do CPC/2015, e considerando a relevância da matéria e a repercussão social da controvérsia, admito a intervenção como *amicus curiae* do Sindicato dos Servidores da Justiça do Estado do Maranhão (fls. 45/47), da Associação dos Servidores do Tribunal de Contas do Maranhão (fls. 98/102) e do Sindicato dos Servidores do Ministério Público do Estado do Maranhão, que terão poderes para apresentar memoriais (*amicus curiaes brief*, do direito norte-americano), oferecer manifestação nos autos e fazer sustentação oral nas hipóteses autorizadas em lei (CPC/2015, art. 138 § 2º) (MARANHÃO, 2016).

Percebe-se, portanto, que os poderes dos *amici curiae* foram bem delimitados, conforme determina a legislação. Após admitido o incidente, o Sindicato dos Servidores da Justiça do Estado do Maranhão apresentou embargos de declaração solicitando a juntada de notas taquigráficas da sessão de admissão do incidente, o que foi prontamente aceito pelo desembargador relator. Nessa linha, as partes e demais interessados foram intimados para se manifestar e juntar eventuais documentos, o que foi feito pelo Estado, oportunidade em que defendeu que o Poder Judiciário não pode conceder aumento remuneratório a servidores públicos sem previsão em lei específica e pediu pelo reconhecimento da natureza de norma de reajuste da Lei n. 8.369/2006, e não de revisão geral.

Quanto à participação dos *amici curiae*, na manifestação feita pela ADEPOL/MA:

> (...) defende, no essencial, que a Lei Estadual 8.369/2006, em virtude da sua generalidade, teve o propósito de revisar a remuneração de todos os servidores estaduais. Afirma, também, que se a norma fosse lei de reajuste seria muito mais específica, mas ao contrário contemplou a um só tempo os servidores civis e militares com o mesmo percentual. Aduz, do mesmo modo, que o caráter de norma de revisão geral da Lei Estadual 8.369/2006 fica evidente pelo fato de não ter sido editada em 2006 a lei anual que os entes públicos estão obrigados constitucionalmente a promulgar. Diz, outrossim, que o caráter de norma de revisão geral já foi amplamente reconhecido pela jurisprudência deste Tribunal, pelo que não é admissível a previsão de índices diferenciados, devendo ser garantido a todos os servidores estaduais a diferença de 21,7%.

> Alega, por fim, a inocorrência de qualquer ofensa ao princípio da separação de poderes, à Súmula 339 do STF ou à Lei de Responsabilidade Fiscal, uma vez que não se busca vantagem nova, mas sim a já assegurada na Lei Estadual 8.369/2006, além de que a LRF não é óbice ao reconhecimento judicial de direitos aos servidores públicos, pois a lei excepciona as decisões judiciais dos limites com as despesas (MARANHÃO, 2016).

Diante dessa exposição, percebe-se que a ADEPOL buscou o reconhecimento da natureza de revisão geral da Lei Estadual n. 8.369/2006, posicionando-se em prol do direito dos servidores públicos à diferença de 21,7%. De igual maneira, o Sindicato dos Servidores da Justiça do Estado do Maranhão apresentou seus argumentos contrariando a manifestação apresentada pelo Estado, alegando que não poderia ser homologado o pedido de desistência do IRDR e que, como havia outros recursos sobre a matéria nos Tribunais Superiores, o referido IRDR não poderia ser instaurado no TJ/MA.

> Sustenta, da mesma forma, que diante da interposição de Embargos Infringentes com o fito de uniformizar o julgamento da matéria, não poderia ter sido instaurado o presente IRDR, pena de desprestigiar e deslegitimar os componentes das Primeiras Câmaras Cíveis Reunidas, que serão usurpados da competência de dizer o direito que entendem aplicável ao caso. Aduz, ainda, que tem o direito de ver apreciado os Embargos Infringentes que interpôs no julgamento da Ação Rescisória, que rescindiu o julgado que reconheceu o direito dos servidores do Poder Judiciário à diferença de 21,7%. Requer, por fim, e em caso de rejeição das preliminares suscitadas, que seja declarado o alcance da decisão do IRDR, que não pode alcançar os processos de execução e ações rescisórias (MARANHÃO, 2016).

Percebe-se, portanto, que não houve manifestação com novas argumentações fáticas ou questões diversas das que já vinham sendo discutidas em outros processos semelhantes, mas tão somente com fito de participar da decisão do processo e apresentar a opinião da entidade que teria seus associados como afetados de forma direta.

Além dessas duas associações, não houve mais nenhuma manifestação sobre a documentação ou novos argumentos para discussão do assunto. Assim, o relator procedeu com a colocação em pauta para julgamento e apreciação dos demais desembargadores. Na primeira sessão, os representantes legais da Associação dos Servidores do Tribunal de Contas do Maranhão, do SINTAF, SINDJUS/MA e do Sindicato dos Servidores do Ministério Público do Estado do Maranhão apresentaram suas sustentações orais. Em sessão posterior, houve a sustentação oral do representante do Sindicato dos Servidores do Ministério Público do Estado do Maranhão.

Apesar do forte debate promovido entre os *amici curiae* e os membros do Poder Judiciário, o voto do relator foi no sentido de que a lei tem natureza de reajuste específico, conforme se observa nos trechos aqui delimitados[3]:

> (...)
>
> Nesse contexto, o cerne da controvérsia travada no presente Incidente reside em saber a natureza jurídica da Lei Estadual n. 8.369/2006: se é lei de revisão geral anual, caso em que o índice de correção deve ser aplicado sem distinção para todos os servidores; ou se se trata apenas de lei de reajuste específico, hipótese em que o percentual de aumento pode ser aplicado de forma diferenciada.
>
> (...)
>
> Na espécie, conquanto o art. 1º *caput* da Lei Estadual 8.369/2006 tenha reajustado em 8,3% a remuneração dos servidores dos Poderes Executivo, Legislativo e Judiciário, além do Ministério Público (o que, numa análise mais apressada, poderia levar à conclusão de que a norma dispôs sobre revisão geral), verifico que o parágrafo único do mesmo art. 1º expressamente assentou que o referido percentual não seria aplicado aos servidores já beneficiados com reajustes anteriores, concedidos pelas Leis 8.186/2004 (Magistério de 1º e 2º grau), 8.187/2004 (Magistério Superior), 8.329/2005 (Ministério Público), 8.330/2005 (Magistratura) e 8.331/2005 (servidores do TCE).
>
> Dessa forma, uma vez excluídos vários grupos de servidores, força é reconhecer que a Lei Estadual 8.369/2006 não tratou de revisão geral face à ausência do requisito da generalidade.

---

3 Para ter acesso ao inteiro teor do voto, acessar: https://jurisconsult.tjma.jus.br/#/sg-public-search-process-sheet.

Tivesse o legislador a intenção de criar lei de revisão geral – cujo pressuposto é recompor o poder aquisitivo em razão da inflação acumulada no ano anterior –, não faria o menor sentido deixar de conceder o percentual de reajuste para alguns servidores, pois a inflação atinge a todos indistintamente.

(...)

Nesse diapasão, harmonizados os preceitos, tenho que o legislador, ao optar (dentro da sua discricionariedade política) por não aplicar o reajuste para um elevado número de servidores, deixou claro que o seu objetivo não era simplesmente recompor o poder aquisitivo geral corroído no ano anterior, mas de conceder aumento real e pontual para grupos específicos de servidores.

Aliás, esse objetivo (de conceder reajuste específico) fica ainda mais evidente quando se verifica que os servidores excluídos pela Lei Estadual 8.369/2006 são exatamente aqueles que já haviam recebido aumento efetivo nos anos anteriores (2004 e 2005) e que, por isso mesmo, não deveriam ter a remuneração majorada novamente em 2006.

Portanto, caracterizada a especificidade do reajuste levado a efeito pela Lei Estadual 8.369/2006, não há falar em norma de revisão geral ou mesmo de natureza mista.

Não se diga, outrossim, conforme aduz o *amicus curiae* ADEPOL/MA, que o caráter de norma de revisão geral da Lei Estadual 8.369/2006 fica evidente pelo fato de não ter sido promulgada no ano de 2006 a lei anual que os entes públicos estão obrigados constitucionalmente a promulgar, na medida em que, na trilha da jurisprudência do STF, *"a iniciativa para desencadear o procedimento legislativo para a concessão da revisão geral anual aos servidores públicos é ato discricionário do Chefe do Poder Executivo, não cabendo ao Judiciário suprir sua omissão"* (RE 557.945-AgR/RS, Rel. Min. Ricardo Lewandowski). No mesmo sentido: **AR 2.172 AgR/SC, Rel. Min. Teori Zavascki e RE 424.584/MG, Rel. Min. Joaquim Barbosa.**

Relativamente ao procedimento legislativo, tenho que o só fato de a Lei Estadual 8.369/2006 ter sido deflagrada pelo Chefe do Executivo Estadual – em benefício dos servidores das três esferas de Poder – não permite concluir, *per si*, que se trata de lei de revisão geral. Isso porque, se foi concedido aumento para servidores vinculados a outros Poderes, o caso é de reconhecer (na via própria) a inconstitucionalidade desse reajuste diante do vício de iniciativa (CF, arts. 51 IV, 52 XIII, 96 II *b*e 127 § 2º), desbastando a lei apenas na parte final do art. 1º *caput*.

O que não se admite é, a pretexto de corrigir o aludido vício, interpretar que a Lei *sub examine* seria lei de revisão geral, pois, como já exaustivamente dissertado, falece à mesma o requisito da generalidade. **Assim, o eventual vício parcial de iniciativa (no que toca ao reajuste dos servidores dos demais Poderes) não desnatura a natureza da Lei n. 8.369/2006, que continua sendo lei de reajuste específico para os servidores do Poder Executivo.**

E reconhecendo ser a Lei 8.369/2006 um enunciado normativo de revisão específica (o que é constatado especialmente em razão dos elevados percentuais aplicados, a indicar a existência de reajustes superiores à inflação acumulada no ano anterior), tenho que inexiste qualquer inconstitucionalidade no fato desse Diploma ter majorado a remuneração de algumas categorias de servidores públicos em 8,3% (art. 1º) e aumentado em 30% o vencimento de outros servidores (art. 4º), reajustes que, ressalte-se, tiveram bases de cálculo diferentes, pois enquanto o primeiro incidiu sobre a remuneração, o reajuste de 30% incidiu sobre o vencimento-base das categorias referidas no art. 4º, tudo a evidenciar a natureza de norma de reajuste da Lei Estadual 8.369/2006 e a impossibilidade de se estender o índice a maior a todos os servidores estaduais.

(...)

Logo, é evidente que o propósito foi de conceder reajuste seletivo a fim de corrigir distorções remuneratórias destas específicas categorias de servidores, o que impede a extensão desse aumento de 30% para todos os servidores estaduais, porque *"não cabe ao Poder Judiciário, que não tem função legislativa, aumentar vencimentos de servidores públicos sob fundamento de isonomia"* (Súmula Vinculante 37).

Ante o exposto, julgo o IRDR para fixar a seguinte tese jurídica: ***"A Lei Estadual n. 8.369/2006 trata de reajustes específicos de vencimentos concedidos a grupos setoriais de servidores, não versando sobre revisão geral anual, sendo incabível, a pretexto de assegurar isonomia, estender a aplicação de seus dispositivos a servidores por ela não contemplados expressamente".***

Por conseguinte, em razão do que dispõe o art. 978 parág. ún. do CPC, nego provimento à Apelação Cível n. 8.667/2016 que deu origem ao presente incidente, mantendo a sentença de improcedência proferida pelo magistrado de base (MARANHÃO, 2016).

O voto divergente e vencido do Des. Tyrone Silva foi exposto da seguinte maneira:

> No que pese a argumentação do nobre relator, a edição da lei questionada fere flagrante a disposição constitucional contida no art. 37, inciso X, da Constituição Federal, o qual prevê que *"a remuneração dos servidores públicos e o subsídio de que trata o § 4º do art. 39 somente poderão ser fixados ou alterados por lei específica, observada a iniciativa privativa em cada caso, assegurada revisão geral anual, sempre na mesma data e sem distinção de índices"*.
>
> Deve ser destacado que a própria Constituição Estadual também prevê norma semelhante, contida no seu art. 19, inciso X, o qual determina que *"a revisão geral dos servidores públicos estaduais será feita sempre na mesma data, sem distinção de índices entre civis e militares"*.
>
> No caso da referida lei, verifica-se claramente que trata de revisão geral da remuneração dos servidores estaduais, o que pode ser constatado até pela amplitude desse reajuste – que atingiu servidores de todos os Poderes do Estado do Maranhão, bem como o Ministério Público Estadual, englobando funcionários públicos civis e militares – situação que desautoriza a conclusão de que tal reajuste não teve o caráter geral de revisão geral alegado pelo Estado do Maranhão.
>
> Dessa forma, notório se afigura o caráter de revisão geral de remuneração de servidores públicos estaduais ostentado pela Lei n. 8369/2006, ainda que em tal norma não tenha constado expressamente essa finalidade.
>
> Assim, reconhecida a natureza de revisão geral de remuneração de servidores públicos estaduais, o reajuste diferenciado conferido às categorias relacionadas no art. 4º da Lei n. 8369/2006, caracteriza violação expressa ao que dispõe o inciso X, do art. 37 da Carta Magna, que veda, quando da revisão geral anual de vencimentos dos servidores públicos, o emprego dos índices diferenciados.

> Nesse passo, resta comprovada uma evidente discriminação nos índices de reajustes concedidos pelo Estado do Maranhão no âmbito de legislação cuja natureza é notoriamente de revisão geral de remunerações, a qual deve ser procedida, nos termos do art. 37, inciso X, da Constituição Federal, sempre na mesma data e sem distinção de índices entre as categorias contempladas.
>
> (...)
>
> Tenho que na espécie não se aplica o Enunciado da Sumula Vinculante n. 37 do Supremo Tribunal Federal, na medida em que a diferença remuneratória devida aos servidores públicos estaduais, no contexto da Lei n. 8.369/2006, resulta de critério indevido de concessão de revisão geral dos servidores do Estado do Maranhão, vício este inerente à Lei em questão, não havendo, portanto, que se falar em aumento de vencimentos promovido pelo Poder Judiciário, sob o pálio do instituto da isonomia.
>
> Destaque-se que, no caso da Lei n. 8.369/2006, o que ocorre é a correção de diferenciação em concessão de reajuste de remuneração que afronta a norma contida no inciso X, do art. 37 da Constituição Federal, inclusive porque tal correção não se destina a conceder reajuste remuneratório a quem dele não é destinatário, mas sim servidores que deveriam ter sido contemplados com esse reajuste, o qual, no entanto, foi concedido indevidamente somente a determinadas categorias mesmo no âmbito de lei com natureza de revisão geral.
>
> Dessa forma, no contexto deste Incidente de Resolução de Demandas Repetitivas, deve ser fixada a tese de que a Lei Estadual n. 8.369/2006 trata de reajuste geral de remuneração dos servidores públicos estaduais, possuindo natureza de revisão geral.
>
> Ante o exposto, em desacordo com o parecer da Procuradoria-Geral de Justiça, conheço do presente Incidente de Resolução de Demandas Repetitivas para fixar a tese de que a Lei Estadual n. 8.369/2006 possui natureza de revisão geral de remunerações de que trata o art. 37, inciso X, da Constituição Federal (MARANHÃO, 2016).

Nesse contexto, importante perceber que o voto do relator se utilizou de um argumento suscitado por um dos *amici curiae* para deixar ainda mais claro seu posicionamento contrário, esmiuçando a fundamentação de forma objetiva e comparando com outros precedentes do Tribunal. Mesmo tendo uma tese fixada em entendimento contrário a todas as manifestações das entidades, a atuação dos *amici* não foi limitada de forma alguma e fomentou diversos debates processuais e jurídicos dentro das sessões de julgamento.

O segundo IRDR do TJ/MA foi instaurado em junho de 2016 pelo Des. José de Ribamar Castro por conta do Agravo Interno nº 011.722/2016, interposto pelo Estado do Maranhão contra decisão que negou provimento a apelação interposta em face da sentença de primeiro grau, "a qual condenou o Ente Público a corrigir os valores pagos a título de remuneração dos servidores públicos recorridos, no percentual de 6,1% (seis vírgula um por cento), alcançando as parcelas vencidas e vincendas" (MARANHÃO, 2017).

Em discussão semelhante ao IRDR anterior, o debate aqui suscitado também versa sobre eventual aplicação de índices distintos para atualização dos vencimentos, nos termos das Leis n. 8.970/09 e 8.971/09. E, diante dos inúmeros processos sobre o assunto, "a Primeira, Segunda e Quinta Câmaras Cíveis Isoladas possuem entendimento majoritário no sentido de que as Leis n. 8.970/09 e 8.971/09 estabeleceram revisão geral aos servidores do Estado do Maranhão" (MARANHÃO, 2017), ou seja, as decisões proferidas determinam que os servidores devem receber a diferença remuneratória. Por outro lado, as demais Câmaras isoladas entendem em sentido diverso. Assim, buscando garantir a segurança jurídica e uniformização da jurisprudência, admitiu-se o referido instituto em sessão do Tribunal Pleno do TJ/MA.

Assim que admitido, foi aceito na qualidade de *amicus curiae*: i) Sindicato dos Funcionários do Grupo Tributação, Arrecadação, Fiscalização da Secretária da Fazenda do Estado do Maranhão – SINTAF; ii) Associação dos Delegados de Polícia do Estado do Maranhão – ADEPOL/MA; iii) Associação dos Servidores do Tribunal de Contas do Estado do Maranhão – ASTCE; iv) Sindicato dos Trabalhadores em Educação Básica das Redes Públicas Estadual e Municipais do Estado do Maranhão – SINPROESEMMA.

Importante aqui trazer que o Sindicato de Funcionários do Grupo Tributação, Arrecadação e Fiscalização da Secretaria da Fazenda do Estado do Maranhão – SINTAF, enquanto *amicus curiae* realizou requerimento para que a Assembleia Legislativa do Estado (ALEMA) fosse oficiada para enviar documentos sobre determinadas leis. Tal pedido foi deferido pelo relator e os arquivos foram devidamente juntados ao processo físico, o que ensejou a ampliação de debates sobre os assuntos porque esses processos administrativos da Assembleia acabaram sendo objeto de manifestações dos demais *amici curiae*.

A partir desse feito, houve sessão para julgamento do incidente, e no voto do relator desembargador José de Ribamar Castro observam-se os seguintes trechos[4]:

> *Ab initio*, registre-se que os requisitos do art. 976 do CPC (efetiva repetição de processos que contenham controvérsia e risco de ofensa à isonomia e à segurança jurídica) foram devidamente analisados por esta Egrégia Corte quando do julgamento da admissibilidade, consoante Acórdão n. 184.183/2016.
>
> (...)
>
> Passa-se, então, a análise dos fundamentos suscitados no bojo desta demanda, acerca da controvérsia em debate, pelos Amici Curiae, nos termos do art. 984, § 2º do CPC[2].
>
> (...)
>
> Assim, o SINTAF em petição às fls. 262/264, asseverou que os reajustes de vencimentos levados a efeitos pelas referidas normas, possuem natureza de revisão geral anual, que, no seu entender, se encontra fundamentado na Exposição de Motivos n. 03/2009 GAB/SEAPS (Gabinete da Secretaria e Estado eda Administração e Previdência Social), de forma que não poderia ter realizado reajustes com índices diversos para os servidores públicos, o que enseja o deferimento do percentual de 6,1%.
>
> Também a ADEPOL/MA, em petição de fls. 267/271, defende que a *mens legis* visa corrigir perdas inflacionárias, o que aliado a exposição de motivos, mensagem do Poder Executivo e pareceres, denotam, segundo seu entendimento, que as Leis aprovadas possuem natureza de revisão geral.
>
> Pois bem.

---

4 Para ter acesso ao inteiro teor do voto, acessar: https://jurisconsult.tjma.jus.br/#/sg-public-search-process-sheet.

Ao contrário do asseverado pelos *Amicis Curiae*, as Exposições de Motivos e Mensagem que acompanharam os projetos de lei que resultaram na aprovação das Leis n. 8.970/09 e 8.971/09, não demonstraram a natureza de revisão geral das referidas normas.

Com efeito, a singela leitura dos expedientes mencionados ou os demais atos do processo legislativo, demonstram que somente os servidores do Poder Executivo foram agraciados com o reajuste salarial promovido pela Lei n. 8.970/09, que operou-se de forma setorizada para diversos grupos de servidores do Executivo e de acordo com a capacidade financeira do Ente Estatal.

Ora, a leitura do art. 1º da Lei n. 8.970/09 permite concluir que o reajuste na remuneração somente foi concedido aos servidores do Poder Executivo:

Art. 1º Fica reajustada, em 5,9% (cinco vírgula nove por cento), a remuneração dos servidores civis **do Poder Executivo**, da administração direta, autárquica e fundacional.

Ressalte-se, ainda, como observado pela Procuradoria Geral de Justiça, que o reajuste setorial da Lei n. 8970/09, quanto ao percentual de 12% (doze por cento) se deu em razão de política de recuperação salarial de grupos específicos dos quadros do Executivo, consoante se infere do excerto do parecer ministerial (fl. 310):

"A palavra 'política', descrita no trecho ora transcrito, indica que o Governo pretendeu valorizar a carreira dos Grupos citados no artigo 2º a nível salarial, tratando-se de ação diferenciada, específica: na revisão geral, há apenas aumento quantitativo do salário, tratando-se, portanto, de aumento impróprio, que visa apenas abrandar os efeitos da inflação".

Tal justificativa, corrobora a natureza específica dos reajustes operados pela Lei n. 8.970/09, que repise-se, alcançou somente os servidores do Poder Executivo, deixando de lado outras categorias de servidores.

Ademais, observa-se que a Lei n. 8971/09, que também concedeu reajuste aos servidores do Judiciário no percentual de 5,9% (cinco vírgula nove por cento), também denota a natureza setorial do aumento, vez que foi editada a partir da inciativa legislativa do Presidente do Tribunal de Justiça em exercício, Des. Benedito de Jesus Guimarães Belo, consoante se infere da Mensagem n.

03/2009 encaminhada a Assembleia Legislativa, justificando o aumento setorial dos servidores do Judiciário (fls. 216/217).

(...)

Destarte, é forçoso concluir que as Mensagens e Exposição de Motivos que iniciaram os processos legislativos que culminaram na edição das Leis n. 8.970/09 e n. 8.971/09, ao contrário do asseverado pelo SINTAF e ADEPOL, demonstram que as referidas normas possuem caráter de revisão específica, o que impede, mediante decisão judicial, a extensão da diferença do índice remuneratório (6,1%) aos servidores não contemplados com percentual maior, por evidente violação a Sumula Vinculante n. 37 do STF, *in verbis*:

Não cabe ao Poder Judiciário, que não tem função legislativa, aumentar vencimentos de servidores públicos sob o fundamento de isonomia.

Descabe, ainda, o argumento da ADEPOL no sentido da Lei n. 8.970/09 possuir natureza de reajuste anual e geral com fundamento na inexistência de outra lei que versasse sobre a matéria, vez que a eventual omissão legislativa em matéria remuneratória, nos termos da Súmula Vinculante n. 374 acima transcrita, não se corrige por meio de decisão judicial, ainda mais, quando manifesta a intenção de se contemplar somente parcela dos servidores do Executivo com índice a maior.

Também as assertivas do SINTAF não se sustentam, vez que parte de premissa equivocada, ao dizer que a própria Lei n. 9.870/09, em seu art. 1º, é clara em estabelecer o reajuste para a totalidade dos servidores, pois, em verdade, o diploma normativo somente abrangeu servidores do Executivo, não se estendendo aos quadros do Legislativo e Judiciário.

Assim, deve ser firmada a tese jurídica, solucionando a controvérsia, com o seguinte teor:

"As Leis n. 8.970/09 e 8.971/09 não possuem caráter de revisão geral e anual, porquanto implementaram reajuste específico e setorial, descabendo o direito dos servidores públicos estaduais à diferença de percentual (6,1%) concedido a maior para determinada categoria".

(...)

> Ante o exposto, de acordo com o parecer ministerial, julga-se o IRDR e firma-se a seguinte tese jurídica: "**As Leis n. 8.970/09 e 8.971/09 não possuem caráter de revisão geral e anual, porquanto implementaram reajuste específico e setorial, descabendo o direito dos servidores públicos estaduais à diferença de 6,1%, referente a percentual maior concedido para determinada categoria";** e, nos termos do art. 978, parágrafo único, do CPC, aplicando a referida tese ao caso concreto, **dou provimento** ao Agravo Interno 011722/2016, para, reformando a decisão unipessoal no Apelo n. 004224/2016, julgar improcedente a demanda na origem (MARANHÃO, 2017).

Observa-se, nesse caso, o enfrentamento completo da argumentação trazida pelos *amici curiae* e, mesmo decidindo contrário ao entendimento das entidades, a pluralização dos debates e a ampliação da participação de grupos representativos é algo extremamente importante para manutenção de um Estado Democrático de Direito. E, apesar dos recursos interpostos, a tese foi fixada nos termos do acórdão acima, em contrariedade ao posicionamento dos *amici curiae* do referido incidente.

Outro IRDR instaurado foi o que discute a necessidade ou não da comprovação da existência de cargo vago para o reconhecimento do direito de candidatos excedentes, em concurso público para professor do Estado, à nomeação em razão da contratação de professores temporários, dentro do prazo de validade do certame, para o mesmo local e disciplina de aprovação dos excedentes (MARANHÃO, 2018).

O referido incidente foi admitido em dezembro de 2016 sob o fundamento de que as demandas sobre o assunto eram, de fato, múltiplas, e as decisões sobre a existência ou não desse direito não eram uniformes entre os desembargadores do TJ/MA. Existindo, portanto, "risco de ofensa à isonomia e à segurança jurídica diante da divergência de entendimento sobre essa questão de direito entre as Câmaras Cíveis Isoladas (...) As Primeira, Segunda, Quarta e Quinta Câmaras Isoladas têm reconhecido, nem sempre por decisão unânime, o direito aos candidatos excedentes cuja posição foi atingida pela contratação de professores temporários" (MARANHÃO, 2018).

Assim, admitiu-se como *amicus curiae:* i) Sindicato dos Trabalhadores em Educação Básica das Redes Públicas Estadual e Municipais do Estado do Maranhão e ii) Comissão dos Professores Excedentes do Concurso (SEGEP 2009).

Nesse IRDR, especificamente, percebeu-se que o relator fixou a tese no sentido de que existia direito dos excedentes, mas a maioria do Tribunal decidiu acompanhar o voto divergente do Des. José Jorge Figueiredo dos Anjos no seguinte sentido:

> Diante do exposto, julgo o IRDR para fixar a tese jurídica de que ***"os candidatos excedentes, em concurso público para professor do Estado, não têm direito à nomeação em razão da contratação de professores temporários dentro do prazo de validade do certame, para o mesmo local e disciplina de aprovação dos excedentes, ante a inexistência de cargo efetivo a ser provido".*** Essa tese jurídica será aplicada, por força do art. 985 do CPC a todos os processos individuais ou coletivos, em fase de conhecimento ou futuros, que versem sobre idêntica questão de direito e que tramitem na área de jurisdição deste Tribunal de Justiça, inclusive àqueles que tramitem nos Juizados Especiais maranhenses. **É o *voto*** (MARANHÃO, 2018).

Ainda, diferente dos outros dois analisados anteriormente, não houve qualquer menção ao posicionamento dos *amici curiae* admitidos, porque, ao analisar os autos, não se tem qualquer manifestação escrita por parte das entidades que ingressaram nessa qualidade além dos pedidos de admissão. Após o julgamento, todavia, eles aturam na interposição de recursos em face da decisão, e ainda não houve o trânsito em julgado.

O quarto IRDR analisado versou sobre descontos de tarifas em conta bancária de beneficiário do INSS. A problemática era, basicamente, sobre a licitude desses descontos quando as contas bancárias são criadas apenas para o recebimento do benefício previdenciário. Tal discussão gerava diversas controvérsias no âmbito das Câmaras Cíveis, o que ensejou a admissão do incidente pelos desembargadores de forma unânime (MARANHÃO, 2018).

O incidente foi admitido em julho de 2017 e contou com a intervenção do i) Banco do Brasil e do ii) Instituto de Promoção e Defesa do Cidadão e Consumidor do Estado do Maranhão – PROCON/MA na qualidade de *amicus curiae*, e o Instituto Brasileiro de Estudos e Defesa das Relações de Consumo – IBEDEC/MA requereu ingresso, mas como assistente. Entretanto, durante o julgamento, na própria sessão, houve habilitação enquanto *amicus curiae*.

No relatório do voto do desembargador relator, há presença da síntese dos argumentos do Banco do Brasil em sua manifestação, como se observa:

> O Banco do Brasil, na qualidade de *amicus curiae*, alega que os pagamentos de aposentadoria são realizados, prioritariamente, com a utilização de Cartões de Benefício (cartão magnético), os quais são fornecidos gratuitamente e não exigem a abertura de conta bancária; que o aposentado pode optar pela mudança de cartão magnético para conta corrente, hipótese em que lhe são oferecidas modalidades de conta, com ou sem o pagamento de tarifas ou pacotes de serviços, conforme previsto na Resolução 3.919 do BACEN; que se o aposentado escolher conta corrente apenas com serviços essenciais, ele terá à sua disposição as operações descritas no art. 2º da mencionada Resolução, sem qualquer cobrança de tarifas; por outro lado, caso o correntista decida contratar pacote de serviços, o banco cobrará o preço respectivo; que todas essas modalidades são realizadas através de contrato com o cliente segundo sua manifestação de vontade; e que o Banco Central proíbe a abertura de conta-salário em favor de aposentado, uma vez que essa espécie de conta somente se destina ao recebimento de salário por parte de empregados (fls. 85/100) (MARANHÃO, 2018).

Entretanto, apesar de ter sido a única entidade na qualidade *amicus curiae* a apresentar seus argumentos em memoriais, o voto do relator foi no sentido contrário, mas, apesar de não fazer menção expressa, utiliza-se dos pontos levantados pelo Banco para fundamentar seu posicionamento de outra maneira.

> ***VOTO – Desemb. Paulo Sérgio VELTEN PEREIRA*** *(relator)*: A Lei n. 4.595/1964 prevê que é da competência do Conselho Monetário Nacional – CMN estabelecer limites para a remuneração

de operações e serviços bancários no país (art. 4º IX), o que é realizado através de resoluções expedidas pelo Banco Central – BACEN (art. 9º).

No que interessa a este julgamento, importante destacar a regulamentação prevista nas Resoluções 3.402, 3.424 e 3.919 do Banco Central, que versam sobre a abertura de conta-salário e cobrança de tarifas de serviços prestados por instituições financeiras.

Embora a Resolução 3.402 (de 6/9/2006) tenha previsto a possibilidade de abertura de conta-salário, isenta de tarifas, para o recebimento de aposentadorias e pensões, o Banco Central reviu essa autorização poucos meses depois, expedindo a Resolução 3.424 (em 21/12/2006) para registrar que *"o disposto na Resolução 3.402, de 2006, não se aplica à prestação de serviços de pagamento a beneficiários do Instituto Nacional do Seguro Social – INSS"* (art. 6º I). **Logo, para os aposentados não mais existe a possibilidade de abertura da conta-salário (isenta de tarifas) e jamais existiu a chamada conta benefício.**

Desse modo, atualmente o aposentado pode receber sua aposentadoria mediante a utilização de cartão magnético ou através da abertura de conta de depósito (corrente ou poupança), conforme se vê no art. 516 *caput* da Instrução Normativa 77/2015 do INSS, *verbis:*

(...)

O recebimento através de cartão magnético é prática usual, o beneficiário não escolhe o banco de recebimento e, finalmente, não é cobrada nenhuma tarifa (IN 77/2015 do INSS, art. 516 §1º).

Por outro lado, o aposentado pode optar por receber sua aposentadoria através de conta de depósito, contratada diretamente junto à instituição financeira que possui vínculo com o INSS para a gestão dos pagamentos (art. 516 § 3º).

Percebe-se, portanto, que não há imposição na forma de recebimento da aposentadoria. Se o aposentado quiser ser isento da cobrança de tarifas, basta permanecer recebendo por cartão magnético; caso contrário, poderá optar por receber através de conta de depósito, cuja remuneração dos serviços está regulamentada

> na Resolução 3.919 do BACEN, que consolida as normas sobre cobrança de tarifas pela prestação de serviços por parte das instituições financeiras.
>
> E num regime de livre iniciativa (CF, art. 170 *caput*) e liberdade contratual, onde a autonomia privada rege as relações jurídicas dos contratantes, o desenvolvimento da atividade econômica pressupõe a existência de custos e, em contrapartida, cobrança de preço pelos produtos ou serviços correspondentes a fim de gerar lucro, objetivo final de toda atividade empresarial.
>
> (...)
>
> Portanto, havendo necessidade de clareza e transparência nas relações negociais, tenho que incumbe à instituição financeira a obrigação de informar o aposentado acerca das possibilidades para o recebimento de seus proventos, facultando-lhe a opção de utilização de cartão magnético (sem cobrança de tarifa), contratação de conta de depósito com pacote essencial (também sem cobrança de tarifa) ou contratação de conta com outro tipo de pacote, nesta hipótese remunerada.
>
> Por tais razões, decido o IRDR para fixar a seguinte tese jurídica: ***"É ilícita a cobrança de tarifas bancárias para o recebimento de proventos e/ou benefícios previdenciários, por meio de cartão magnético do INSS e através da conta de depósito com pacote essencial, sendo possível a cobrança de tarifas bancárias na contratação de pacote remunerado de serviços ou quando excedidos os limites de gratuidade previstos na Res. 3.919/2010 do BACEN, desde que o aposentado seja prévia e efetivamente informado pela instituição financeira"*** (MARANHÃO, 2018).

Assim, novamente percebe-se que nem todas as admissões de *amicus curiae* resultam em manifestações, tampouco há indicativos de que os memoriais apresentados influenciaram na decisão prolatada, mas, sem dúvidas, o ingresso nessa modalidade de terceiro demonstra uma ampliação de participação e pluralidade nas argumentações trazidas aos autos. Prova disso é que o assunto foi tão discutido que não houve recursos em face do acórdão colacionado acima.

O 5º tema instaurado em sede de IRDR foi sobre empréstimos consignados e tem sido discutido até os dias atuais, pois os Tribunais ainda não pacificaram entendimento sobre o assunto. Até a própria questão da admissão do incidente foi controversa, pois o Desembargador relator Antônio Guerreiro Junior votou contra a admissão, requerida por uma das partes que tinha apelação pendente de julgamento sobre o assunto. Entretanto, divergindo do relator, o Desembargador Jaime Ferreira de Araújo votou pela admissão e foi acompanhado pela maioria. Instaurado o incidente em julho de 2017, as questões controvertidas submetidas a julgamento foram as seguintes:

> II – Temas a serem enfrentados no presente IRDR:
>
> 1. Quem possui o ônus da prova, e em especial a responsabilidade de apresentar o contrato, a planilha, o extrato bancário e custear a perícia grafotécnica solicitada pelo magistrado nos autos do processo?
>
> 2. É cabível condenação em repetição de indébito, danos morais e multa diária?
>
> 3. Deve-se respeitar a margem de reserva de 30% do valor do benefício e o limite de 6 contratações?
>
> 4. Somente poderá haver descontos com prévia autorização do titular do benefício?
>
> 5. É necessária a utilização de procuração pública e quais são os requisitos para contratação de empréstimos consignados por pessoas analfabetas?
>
> 6. Pode haver empréstimos rotativos ou indeterminados e contratação de empréstimo mediante cartão de crédito?
>
> 7. Pode haver o bloqueio das operações de empréstimos consignados nos terminais de autoatendimento bancário? (MARANHÃO, 2018).

Seguindo o procedimento formal, foram admitidos como *amicus curiae:* i) Instituto de Promoção e Defesa do Cidadão e Consumidor do Estado do Maranhão – PROCON/MA; ii) Ordem dos Advogados do Brasil, Seccional Maranhão – OAB/MA; iii) Defensoria Pública do Estado do Maranhão – DPE/MA; iv) SOMAR – Sociedade Maranhense de Ensino Superior – FACAM; v) Instituto Brasileiro de Estudo e Defesa das Relações de Consumo – IBEDEC/MA; vi) FEBRABAN – Federação Brasileira de Bancos; vii) Banco Itaú Consignado S/A; vii) Banco do Brasil S/A; ix) Grupo Banco Bradesco S/A, Banco Bradesco Financiamentos S.A; x) BV Financeira S/A – Crédito, Financiamento e Investimento (aceita como *amicus*, mas o pedido na peça da instituição foi de ingressar apenas como "interessado no feito"); xi) ABBC – Associação Brasileira de Bancos; xii) Banco Industrial do Brasil S/A.

E, diferente dos anteriores, o relator fez um longo voto para admitir a presença dos primeiros *amici curiae* citados acima, deixando clara a importância da presença dessas entidades e quais seriam seus poderes. Ainda, de forma inédita, oficiou o INSS (Instituto Nacional do Seguro Social), a CNF (Confederação Nacional das Instituições Financeiras) e a FEBRABAN (Federação Brasileira de Bancos) para participarem do IRDR como *amicus curiae* e marcou uma audiência pública para ouvir todos os envolvidos, oportunidade em que diversos bancos e demais entidades apresentaram memoriais, foram ouvidos e ingressaram enquanto amigos da corte.

Importante ressaltar a participação do PROCON/MA, que manifestou sua oposição a decisão que admitia o IRDR por meio de um pedido de reconsideração da decisão, o que foi devidamente enfrentado pelo relator no voto em que admitia os *amici curiae*, mas, mantendo a decisão de continuar com o incidente. Na justificativa, o relator afirma que "apenas para que fique claro, este personagem, que não é parte, poderá unicamente contribuir no que se refere ao mérito deste IRDR, não devendo manifestar-se sobre a admissibilidade, nem qualquer outra temática, já que não é fiscal da lei, nem parte" (MARANHÃO, 2018).

Assim, após muitas discussões sobre o tema, o desembargador proferiu seu voto sendo favorável a formação das seguintes teses:

> Vistos, relatados e discutidos estes autos do IRDR, sob n. 53983/2016, em que figuram como PARTES e INTERESSADOS os acima enunciados, votaram nos seguintes termos: "O TRIBUNAL PLENO, POR MAIORIA E DE ACORDO COM O PARECER MINISTERIAL, JULGOU PROCEDENTE O PRESENTE INCIDENTE DE RESOLUÇÃO DE DEMANDAS REPETITIVAS PARA FIXAR QUATRO TESES JURÍDICAS RELATIVAS AOS CONTRATOS DE EMPRÉSTIMOS CONSIGNADOS QUE ENVOLVAM PESSOAS IDOSAS, ANALFABETAS E DE BAIXA RENDA, NOS TERMOS DO VOTO DO DESEMBARGADOR RELATOR".
>
> 1ª TESE (POR MAIORIA, APRESENTADA PELO SENHOR DE-

SEMBARGADOR PAULO SÉRGIO VELTEN PEREIRA, COMO O ACRÉSCIMO SUGERIDO PELO SENHOR DESEMBARGADOR ANTONIO GUERREIRO JÚNIOR): "*Independentemente da inversão do ônus da prova – que deve ser decretada apenas nas hipóteses autorizadas pelo art. 6º VIII do CDC, segundo avaliação do magistrado no caso concreto –, cabe à instituição financeira/ré, enquanto fato impeditivo e modificativo do direito do consumidor/autor (CPC, art. 373, II), o ônus de provar que houve a contratação do empréstimo consignado, mediante a juntada do contrato ou de outro documento capaz de revelar a manifestação de vontade do consumidor no sentido de firmar o negócio jurídico, permanecendo com o consumidor/autor, quando alegar que não recebeu o valor do empréstimo, o dever de colaborar com a Justiça (CPC, art. 6º) e fazer a juntada do seu extrato bancário, embora este não deva ser considerado, pelo juiz, como documento essencial para a propositura da ação. Nas hipóteses em que o consumidor/autor impugnar a autenticidade da assinatura constante do contrato juntado ao processo, cabe à instituição financeira/ré o ônus de provar essa autenticidade (CPC, art. 429 II), por meio de perícia grafotécnica ou mediante os meios de prova legais ou moralmente legítimos (CPC, art. 369)*". 2ª TESE (POR MAIORIA, APRESENTADA PELO SENHOR DESEMBARGADOR PAULO SÉRGIO VELTEN PEREIRA): "A pessoa analfabeta é plenamente capaz para os atos da vida civil (CC, art. 2º) e pode exarar sua manifestação de vontade por quaisquer meios admitidos em direito, não sendo necessária a utilização de procuração pública ou de escritura pública para a contratação de empréstimo consignado, de sorte que eventual vício existente na contratação do empréstimo deve ser discutido à luz das hipóteses legais que autorizam a anulação por defeito do negócio jurídico (CC, arts. 138, 145, 151, 156, 157 e 158)". 3ª TESE (POR UNANIMIDADE, APRESENTADA PELO DESEMBARGADOR RELATOR): "É cabível a repetição do indébito em dobro nos casos de empréstimos consignados quando a instituição financeira não conseguir comprovar a validade do contrato celebrado com a parte autora, restando configurada má-fé da instituição, resguardas as hipóteses de enganos justificáveis".

4ª TESE (POR MAIORIA, APRESENTADA PELO SENHOR DESEMBARGADOR PAULO SÉRGIO VELTEN PEREIRA COM O ADENDO DO SENHOR DESEMBARGADOR JOSEMAR LOPES DOS SANTOS): "Não estando vedada pelo ordenamento jurídico, é lícita a contratação de quaisquer modalidades de mútuo financeiro, de modo que, havendo vício na contratação, sua anulação deve ser discutida à luz das hipóteses legais que versam sobre os defeitos do negócio jurídico (CC, arts. 138, 145, 151, 156, 157 e 158) e dos deveres legais de probidade, boa-fé (CC, art. 422) e de informação adequada e clara sobre os diferentes produtos, especificando corretamente as características do contrato (art. 4º, IV e art. 6º, III, do CDC), observando-se, todavia, a possibilidade de convalidação do negócio anulável, segundo os princípios da conservação dos negócios jurídicos (CC, art. 170)" (MARANHÃO, 2018).

Da leitura integral do acórdão[5], percebe-se que os argumentos trazidos pelos *amici curiae* foram resumidos no relatório e alguns desenvolvidos ao longo do voto, como será detalhado no próximo tópico. Aqui, importa trazer a relevância da participação de todas as entidades envolvidas para discutir uma linha argumentativa favorável aos consumidores e outra para os bancos. Deixando claro, ao final, que as teses formadas pelo Tribunal buscaram garantir um equilíbrio na relação de consumo entre pessoas vulneráveis e instituições financeiras. Válido ressaltar, todavia, que a 2ª e 4ª tese transitaram em julgado, e as outras duas ainda estão pendentes de análise pelos Tribunais Superiores.

O sexto IRDR julgado pelo TJ/MA discutia a possibilidade de ajuizamento de execução individual de honorários de sucumbência. O incidente foi suscitado por um advogado sob o fundamento de que existiam posicionamentos divergentes em relação às execuções individuais de honorários de ação coletiva, pois algumas ações estão sendo extintas e outras tramitando normalmente. Nesse contexto, o incidente foi admitido pelo Des. Rel. Jamil de Miranda Gedeon Neto em dezembro de 2017 para pacificar os seguintes questionamentos:

> *Deve, assim, ser instaurado o Incidente, nos termos do artigo 468 do RITJMA, para o fim de pacificar o entendimento desta Eg. Corte sobre os seguintes temas:*
>
> a) quanto à possibilidade de instauração de execução individual da verba honorária de sucumbência, havendo entendimentos divergentes sobre a necessidade de realização de uma única execução;

---

5 O inteiro teor do voto pode ser consultado aqui: https://jurisconsult.tjma.jus.br/#/sg-public-search-process-sheet.

b) quanto à possibilidade de recolhimento de custas processuais ao final do processo, existindo decisões que entendem pela necessidade de pagamento das despesas processuais no ato de propositura da execução individual de honorários;

c) quanto à competência para a tramitação da execução individual, haja vista a existência de decisões que defendem que devem ser propostas perante o Juízo que apreciou a ação de conhecimento ou no Juizado Especial da Fazenda Pública;

d) quanto à possibilidade de inscrição e pagamento dos honorários advocatícios sucumbenciais em regime de RPV;

e) quanto à possibilidade de execução dos honorários sucumbenciais do causídico antes da conclusão da execução da verba devida a cada patrocinado individualizado (MARANHÃO, 2019).

Nesse incidente houve pedido de ingresso na qualidade de *amicus curiae:* i) de um escritório de advocacia, o Duailibe Mascarenhas Advogados e Associados; ii) da Ordem dos Advogados do Brasil – Seccional Maranhão; iii) do Sindicato dos Advogados do Estado do Maranhão – SAMA; e iv) da Força Sindical. Entretanto, só o primeiro foi admitido, pois o pedido dois demais foi feito após a primeira sessão em que o desembargador relator proferiu seu voto. Ainda, quando o escritório foi intimado para se manifestar, manteve-se inerte e sugeriu uma tese apenas no momento da sessão, em sustentação oral:

> Ocupou a tribuna, para sustentação oral, o Dr. Pedro Duailibe Mascarenhas, pelo Amicus curiae, o qual apresentou proposta de tese a ser fixada, qual seja *"Os honorários de sucumbência decorrentes de ações coletivas ou litisconsortes facultativos serão sempre executados na forma de precatório quando da execução concreta de créditos dos substituídos ou autores, ainda que sejam apurados valores abaixo da Requisição de Pequeno Valor (RPV) definido pelo ente público, evitando qualquer questionamento quanto à fragmentação do precatório, na forma do art 100, § 8º e § 3º da Constituição Federal"* (MARANHÃO, 2019).

Apesar da manifestação oral, o voto do desembargador relator seguiu em sentido oposto:

> *INCIDENTE DE RESOLUÇÃO DE DEMANDAS REPETITIVAS.* **EXECUÇÕES INDIVIDUALIZADAS DE HONORÁRIOS DE**

SUCUMBÊNCIA DERIVADOS DE CONDENAÇÃO GENÉRICA EM SENTENÇA COLETIVA. FIXAÇÃO DE TESES.

1. Incidente de Resolução de Demandas Repetitivas julgado com a fixação das seguintes teses:

a) ***A execução autônoma de honorários de sucumbência baseados em condenação de quantificação genérica, proferida em sentença coletiva, exige a prévia constituição e liquidação dos créditos individuais dos representados, para instruir o próprio pedido de execução do causídico/escritório beneficiado**;*

b) O Juizado Especial da Fazenda Pública só detém competência para a execução/cumprimento de seus próprios julgados, não lhe competindo conhecer de pedidos de execução ou cumprimento de sentenças proferidas por outros juízos, ainda que derivadas de ações coletivas;

c) A possibilidade de executar de forma individual o crédito sucumbencial derivado de sentença coletiva, de acordo com as frações dos representados, não exime que o pagamento dos honorários ao causídico observe o rito do artigo 100, § 8º da Constituição Federal, quando o valor global do crédito insere-se na exigência de expedição de precatório;

d) A execução individual do crédito sucumbencial derivado de sentença coletiva, de acordo com as frações dos representados, não autoriza a concessão do benefício da justiça gratuita, mas deve ser garantido ao advogado o diferimento do pagamento das custas ao final do processo, como forma de viabilizar o seu acesso à justiça (MARANHÃO, 2019).

Dessa forma, apesar de o voto não ter acolhido o argumento trazido pelo então escritório na qualidade de *amicus curiae*, a participação foi ampliada e outras análises em relação ao objeto discutido foram levantadas e devidamente enfrentadas pelo Tribunal. Nesse ponto reside uma das importâncias da intervenção do *amicus curiae*, que não é apenas para obter decisões favoráveis, mas, sobretudo, para legitimar as discussões e debates que afetam uma coletividade.

O último IRDR admitido pelo TJ/MA até agosto de 2020 é o que discute a questão da prescrição nas ações de promoções de militares. O incidente foi proposto pelo Estado do Maranhão com fundamento na divergência sobre a natureza jurídica da relação decorrente de suposto ato de preterição de militar e o termo inicial da prescrição da pretensão ou da decadência. Aceito pelo Tribunal em agosto de 2018, as discussões se iniciaram, e interviu como *amicus curiae* apenas a Associação dos Policiais Militares do Médio Mearim – ASPOMMEM, que, devidamente intimada, apresentou manifestação no sentido de que:

> Diante do exposto, a ASPOMMEM, sugere que sejam adotadas as seguintes teses, ora trazidas à baila no presente procedimento:
>
> 1 – A natureza jurídica decorrente do suposto ato de preterição de militar, concernente na promoção de outro policial em detrimento do postulante possui enquadramento de trato sucessivo.
>
> 2 – Em consequência da natureza de trato sucessivo, o ato omissivo continuado da administração é insuscetível de prescrição e decadência enquanto não afastada a ilegalidade. A pretensão para o controle judicial de ato de preterição de militar, com o objetivo obter-se promoção em ressarcimento por preterição, pode ser apreciada a qualquer tempo, enquanto a administração pública não afasta a ilegalidade (MARANHÃO, 2019).

Após as manifestações, o relator apresentou seu voto fixando as seguintes teses:

> Ante o exposto, e de acordo com o parecer ministerial, voto pela PROCEDÊNCIA DO INCIDENTE DE RESOLUÇÃO DE DEMANDAS REPETITIVAS, para que sejam fixadas as seguintes teses jurídicas, que, sob pena de reclamação, deverão ser aplicadas a todos os processos individuais ou coletivos que versem sobre idêntica questão de direito e que tramitem na área de jurisdição deste Egrégio TJMA, inclusive àqueles que tramitem nos juizados especiais do Estado do Maranhão, bem como aos casos futuros que versem sobre idêntica questão de direito e que venham a tramitar neste Estado, conforme imposição do art. 985 do Código de Processo Civil:
>
> Primeira tese: A não promoção do policial militar na época em que faria jus – por conta de sua preterição em favor de outro mais moderno – ou ainda sua posterior promoção em ressarcimento de preterição, caracteriza-se como ato único e comissivo da Administração Pública, por representar a negação, ainda que tacitamente, do direito do policial militar de ascender à graduação superior. O reconhecimento desse erro administrativo – seja em face do acolhimento judicial da pretensão de que sejam retificadas as datas dos efeitos da promoção verificada posteriormente, seja por reconhecimento pela própria Administração Pública ao praticar superveniente ato promocional, com efeitos retroativos – sujeitam-se à

> prescrição do fundo de direito, sendo inaplicável, por essa razão, a benesse da Súmula 85 do Superior Tribunal de Justiça.
>
> Segunda tese: Em face da aplicação do princípio da *actio nata*, inscrito no art. 189 do Código Civil – "violado o direito, nasce para o titular a pretensão, a qual se extingue pela prescrição" – uma vez negado pela Administração Pública, ainda que tacitamente, o direito do policial militar à promoção, começa a correr para este, desde então, o prazo prescricional de cinco anos, de que trata o Decreto n. 20.910/1932, durante o qual deve ser exercido o direito de ação ordinária, bem como o prazo decadencial de cento e vinte dias, cominado no art. 23 da Lei n. 12.016/2009, para o caso de impetração de mandado de segurança.
>
> Terceira tese: o termo inicial da prescrição ou da decadência é a data da publicação do Quadro de Acesso – quando não incluído o nome do policial militar prejudicado – ou do Quadro de Promoções, após concretizadas pela Administração Pública – na hipótese de inclusão do nome do policial, porém, com preterição em favor de outro militar, mais moderno (MARANHÃO, 2019).

Como se pode observar, as teses fixadas contrariam diretamente o que foi exposto pelo *amicus curiae*, tanto que existem recursos pendentes de julgamento nos Tribunais Superiores. Mas a análise trazida nas manifestações feitas pela Associação mostra a visão dos que serão diretamente atingidos por essa decisão, que são os militares, ficando evidente, portanto, a importância da participação e da discussão travada nos autos.

3.2 OS INCIDENTES DE ASSUNÇÃO DE COMPETÊNCIA ADMITIDOS NO TRIBUNAL DE JUSTIÇA DO ESTADO DO MARANHÃO

Em relação aos Incidentes de Assunção de Competência, apenas dois foram admitidos até agosto de 2020. Sendo um que discute a aplicação da tese de extinção da execução individual com base em título judicial oriundo da mesma demanda coletiva e outro sobre a análise da existência de coisa julgada inconstitucional nas execuções individuais da sentença coletiva proferida nos autos da Ação Coletiva n. 14.440/2000, como se observa na tabela a seguir:

Tabela 2: Processos – Incidente de Assunção de Competência TJ/MA.

N. do Processo	Quem suscitou?	Presença de terceiros como *Amicus Curiae*?	Julgado? Se sim, qual a tese firmada?
0007440-72.2015.8.10.0000	**Des. Jamil de Miranda Gedeon Neto**	**NÃO**	**Sim**: "Devem ser extintos sem resolução de mérito os processos de execução contra a Fazenda Pública, ajuizados em face do Estado do Maranhão, fundados no acórdão no STJ transitado em julgado que concedeu a ordem impetrada nos autos do mandado de segurança n. 20.700/2004, devendo prevalecer, em razão do conflito de coisas julgadas, a sentença transitada em julgado posteriormente nos autos da ação ordinária n. 14.440/2000, em fase de execução, que tramita na 3ª Vara da Fazenda Pública de São Luís, Termo Judiciário da Comarca da Ilha de São Luís."
0049106-50.2015.8.10.0001	**Des. Paulo Sérgio Velten Pereira**	• Sindicato dos Trablhadores em Educação Básica das Redes Públicas Estadual e Municipais do Estado do Maranhão – SINPROSEMA	OBS.: RE e RESP PENDENTES AINDA, MAS O MÉRITO JÁ FOI JULGADO PELO TJ "A data de início dos efeitos financeiros da Lei Estadual n. 7.072/98 é o marco inicial para a cobrança de diferenças remuneratórias devidas aos servidores públicos do Grupo Operacional Magistério de 1º e 2º graus em razão da Ação Coletiva no 14.440/2000. Já o termo final dessas diferenças remuneratórias coincide com a edição da Lei 8.186/2004, que veio dar cumprimento efetivo à Lei 7.885/2003, pois, em se tratando de relação jurídica de trato continuado, a sentença produz coisa julgada *rebus sic stantibus*, preservando os seus efeitos enquanto não houver modificação dos pressupostos fáticos e jurídicos que deram suporte à decisão judicial transitada em julgado."

O primeiro tema admitido se fundamenta na divergência entre as Câmaras Cíveis, conforme o Desembargador Relator explicitou em seu voto de admissão:

> ***As Primeiras Câmaras Cíveis**, por exemplo, entendem que o objeto do Mandado de Segurança Coletivo n. 20.700/2004, que tramitou originalmente perante este Tribunal de Justiça, e que ora se busca executar, é o mesmo da Ação Ordinária n. 14.440/2000, que teve seu trâmite perante a 3ª Vara da Fazenda Pública da Capital, que também já teve seu trânsito em julgado, porquanto ambos visam recompor a tabela salarial do Grupo Ocupacional Magistério de 1º e 2º Graus, implantando o percentual de 5% (cinco por cento) no vencimento de cada um dos servidores, entre referências das classes (PRIMEIRAS CÂMARAS CÍVEIS REUNIDAS; Sessão do dia 19 de junho de 2015; EMBARGOS À EXECUÇÃO N. 004019/2015 – São Luis; N. ÚNICO: 0000501-76.2015.8.10.0000; Relator: Des. José de Ribamar Castro).*
>
> *Nesses casos, sob fundamento de conflito de coisas julgadas, as decidem pela extinção das execuções individuais, face a prevalência da segunda coisa julgada, que, in casu, é aquela proferida pela 3ª Vara da Fazenda Pública da Capital, proferida nos autos da Ação Ordinária n. 14.400/2000.*
>
> ***Por outro lado, em outros julgamentos**, vê-se que a questão de ordem sequer é cogitada, o que conduz à situação de que alguns professores obtiveram o pagamento de verbas decorrentes da execução já referida, enquanto outros profissionais da mesma categoria, não (APELAÇÃO N. 23645/2016 – 0051494-91.2013.8.10.0001- Relator: Desembargador Kleber Costa Carvalho).*
>
> *Pois bem, do exposto até aqui, vejo que a matéria deve ser pacificada, com vistas um julgamento uniforme por esta Egrégia Corte* (MARANHÃO, 2017).

Nesse ponto, fica evidente o preenchimento dos requisitos para admissão do incidente, visto que se trata de um risco à segurança jurídica, pois determinado grupo de professores tem conseguido o pagamento das verbas relativas à ação de execução, e outros profissionais da mesma categoria, não. Diante desse contexto, confirma-se a instabilidade de decisões divergentes e a grande repercussão social, pois envolve altos pagamentos por parte do Estado. Tendo sido admitido, o relator votou[6] da seguinte forma:

> Posto isto, e, ainda, com fulcro no art. 475, §§ 1º e 2º, do RITJMA e de acordo com o parecer ministerial, voto pela procedência do presente INCIDENTE DE ASSUNÇÃO DE COMPETÊNCIA para fixar a seguinte tese, com efeito vinculante a todos os juízes estaduais do Maranhão e a todos os órgãos fracionários deste Tribunal:
>
> *"Devem ser extintos sem resolução de mérito os processos de execução contra a Fazenda Pública, ajuizados em face do Estado do Maranhão, fundados no acórdão do STJ transitado em julgado que concedeu a ordem impetrada nos autos do mandado de segurança n. 20.700/2004, devendo prevalecer, em razão do conflito de coisas julgadas, a sentença transitada em julgado posteriormente nos autos da ação ordinária n. 14.440/2000, em fase de execução, que tramita na 3ª Vara da Fazenda Pública de São Luís, Termo Judiciário da Comarca de Ilha de São Luís".*
>
> Demais disso, decreto no presente caso, a extinção, sem resolução de mérito, do processo de Execução Contra a Fazenda Pública que deu origem ao presente incidente – PROCESSO N. 0007440-72.2015.8.10.0000 – 39.797/2015 – São Luís, proposta por Maria Rita Pereira da Silva e outros em face do Estado do Maranhão, porquanto fundado em título judicial formado nos autos do dito Mandado de Segurança n. 20.700/2004 (MARANHÃO, 2017).

O incidente discutia, basicamente, "a existência de conflito de coisas julgadas entre o acórdão transitado em julgado que está sendo objeto da execução e sentença produzida em ação ordinária em curso em vara de fazenda pública" (MARANHÃO, 2017). Ou seja, precisava-se pacificar se existiria esse direito para categoria de servidores que, em tese, já havia sido reconhecido no acórdão discutido. E o entendimento foi de que as ações individuais deveriam ser extintas, devendo prevalecer a primeira sentença do processo, que já está em fase de execução.

Não houve intervenção de nenhum tipo de terceiro e os servidores, através de Sindicatos, também não se manifestaram no assunto, mesmo sendo os principais atingidos por essa decisão.

---

6 Para acesso ao voto integral do relator, consultar: https://jurisconsult.tjma.jus.br/#/sg-public-search-process-sheet.

O segundo IAC admitido tem assunto correlato ao primeiro, pois versa sobre análise da existência de coisa julgada inconstitucional nas execuções individuais da sentença coletiva preferida nos autos da Ação Coletiva n. 14.440/2000. Essa ação reconheceu o direito dos professores estaduais aos interstícios de 5% estabelecidos originalmente na Lei n. 6.110/94, que dispunha sobre o Estatuto do Magistério Estadual. Nesse contexto, iniciaram diversas execuções para garantir o pagamento dessa porcentagem, e o Estado alega que o título não é exigível, pois a interpretação dada é inconstitucional.

Buscando ampliar os debates, o Sindicato dos Trabalhadores em Educação Básica das Redes Públicas Estadual e Municipal do Estado do Maranhão – SIMPROESEMMA requereu intervenção na qualidade de assistente, mas o Des. Relator, de forma diversa, decidiu utilizando os seguintes termos: "hei por bem deferi-lo, não como assistente da parte, mas como *amicus curiae*, dado o grau de representatividade da entidade sindical e o fato de a Constituição Federal lhe assegurar *'a defesa dos direitos e interesses coletivos ou individuais da categoria, inclusive em questões judiciais ou administrativas'* (CF, art. 8º III)" (MARANHÃO, 2019).

Assim, o TJ/MA formou a segunda tese no IAC com base, também, no que foi discutido no primeiro incidente:

> Observe-se que no IAC n. 30.287/2016 este Tribunal considerou que o Estado Apelante, por meio da Lei 8.186/2004, recompôs a situação anterior prevista no Estatuto do Magistério, alterando a realidade fático-jurídica que deu ensejo à propositura da Ação Coletiva n. 14.440/2000, de sorte que o termo final da contagem das diferenças remuneratórias perseguidas no caso presente – e nas outras execuções individuais fundadas no mesmo título judicial coletivo – deve coincidir com a data em que a Lei 8.186/2004 começou a produzir efeitos jurídicos, em razão da cláusula *rebus sic stantibus*.
>
> Com isso, fica também assegurado aos professores o pagamento dos créditos que foram objeto do MS n. 20.700/2004 (5 parcelas de 18 previstas na Lei 7.885/2003), cujas execuções foram extintas em razão do IAC n. 30.287/2016, inexistindo incompatibilidade entre o referido Incidente e o presente IAC.

Feitas essas considerações, proponho a seguinte **tese jurídica**, a ser obrigatoriamente observada por todos os juízes vinculados ao Tribunal de Justiça do Estado do Maranhão nas execuções individuais envolvendo o título coletivo formado no Processo n. 14.440/2000, perante a 3ª Vara da Fazenda Pública da Capital:

*"**A data de início dos efeitos financeiros da Lei Estadual n. 7.072/98 é o marco inicial para a cobrança de diferenças remuneratórias devidas aos servidores públicos do Grupo Operacional Magistério de 1º e 2º graus em razão da Ação Coletiva n. 14.440/2000. Já o termo final dessas diferenças remuneratórias coincide com a edição da Lei 8.186/2004, que veio dar cumprimento efetivo à Lei 7.885/2003, pois, em se tratando de relação jurídica de trato continuado, a sentença produz coisa julgada rebus sic stantibus, preservando os seus efeitos enquanto não houver modificação dos pressupostos fáticos e jurídicos que deram suporte à decisão judicial transitada em julgado**"* (MARANHÃO, 2019).

A tese firmada se mostra favorável aos servidores da rede pública, pois garantiu o direito aos professores das diferenças remuneratórias devidas por conta da legislação vigente a época. O que se percebe, todavia, é que os grupos representativos dessa categoria poderiam ter sido mais expressivos. E o Estado, inconformado com a decisão, já interpôs recursos aos Tribunais Superiores.

Nesse contexto, percebe-se de forma clara a postura dos *amici curiae* e como suas manifestações, quando ocorrem de fato, podem ser relevantes para o processo. Assim, no próximo tópico será discutida a importância da ampliação da participação dentro dos Tribunais e como os *amici curiae,* através de suas manifestações, podem influenciar na qualidade das teses fixadas ao final dos processos.

3.3 AS VOZES OUVIDAS AO LONGO DO PROCESSO: A PARTICIPAÇÃO DOS *AMICI CURIAE*

Importante trazer, inicialmente, a análise quantitativa dos dados fornecidos pelo Núcleo de Gerenciamento de Precedentes do Tribunal de Justiça do Estado do Maranhão. Em relação aos IRDRs, foram analisados todos os sete temas decididos pelo TJ/MA desde a vigência do CPC/2015. Objetivamente, dos sete incidentes, apenas um foi absolutamente favorável às manifestações do *amicus curiae*, que se definiu pela impossibilidade de descontos em contas criadas exclusivamente para recebimento de benefício do INSS.

Em quatro incidentes que discutiam efetivamente aplicação de lei sobre remunerações de servidores, contratações de concursados e prescrição de promoção de cargo militar, ou seja, que trariam ônus de alguma forma para o Estado, as decisões foram completamente contrárias às manifestações dos *amici curiae*. Mesmo esses terceiros tendo participado enquanto entidades representativas dos servidores públicos, professores ou militares, os maiores atingidos pelas decisões.

E em relação a dois incidentes, o de empréstimos consignados e o de execução individual de honorários sucumbenciais, as decisões tentaram abarcar todas as situações divergentes e trouxeram aspectos positivos para ambos os lados dos processos. Ainda, o IRDR dos empréstimos consignados foi o que recebeu maior número de intervenções, foram 11 *amici curiae*, e o de execução de honorários, o menor, recebendo apenas um *amicus curiae*, um escritório de advocacia que apresentou seu argumento de forma sucinta e oral na sessão.

No que diz respeito aos incidentes de assunção de competência, o TJ/MA admitiu apenas dois nos últimos cinco anos. O primeiro, conforme explicitado no tópico anterior, trata-se de uma execução referente a um acórdão do STJ que determinou ao ente estatal a implantação integral do reajuste concedido pela Lei n. 7.885/2003, em favor dos servidores integrantes do Grupo Operacional Magistério de 1º e 2º graus do Estado do Maranhão (MARANHÃO, 2017).

A tese fixada foi no sentido de que as ações individuais devem ser extintas, pois havia uma ação ordinária de 2000 e um MS de 2004 que possuíam o mesmo objeto, qual seja a implementação do percentual de 5% no vencimento dos servidores. Não houve discussão sobre o tema ou intervenção de *amicus curiae*.

E, diferente disso, porém na mesma linha, o segundo IAC discutiu se existia coisa julgada inconstitucional na execução da sentença nessa ação coletiva que pleiteia a implementação do percentual. Assim, a tese fixada determinou o marco inicial para cobrança das diferenças remuneratórias e manteve os efeitos enquanto não houver modificação dos pressupostos fáticos e jurídicos que fundamentaram a decisão que já transitou em julgado. Tal acórdão favorece diretamente os servidores e, apesar da importância do assunto, houve intervenção apenas do Sindicato, que teve seus argumentos considerados na fundamentação do voto do desembargador relator.

Superando essa análise quantitativa, importante detalhar a análise qualitativa feita das manifestações dos terceiros e das decisões e acórdãos dos incidentes. Para essa pesquisa, a metodologia aplicada foi de análise argumentativa proposta por Manuel Atienza (2017). O autor parte de um método que "permite captar a diferença entre as argumentações, as linhas argumentativas e os argumentos" (ATIENZA, 2017, p. 7).

O ponto de partida para compreensão dos argumentos discutidos nos IDRDS, sem dúvidas, é a questão controvertida de cada um. Todos os incidentes foram admitidos com a justificativa de que havia uma controvérsia evidente entre as Câmaras Cíveis do Tribunal de Justiça e era importante esclarecer e uniformizar uma tese, visto que a continuidade de decisões distintas perpetuaria a insegurança jurídica tão criticada dentro do Poder Judiciário.

Nessa questão, percebe-se que determinados processos são separados como paradigma a partir da limitação das questões controvertidas, e isso não é questionado pelas partes. Aliás, foi questionado pelo PROCON, enquanto *amicus curiae*, em um dos incidentes, e a decisão sobre isso foi pela falta de legitimidade para isso, pois a entidade deveria se manifestar apenas sobre o mérito do IRDR, não sobre questões procedimentais, vez que não é parte ou fiscal da lei.

Dando continuidade a isso, tem-se o momento de abertura dos debates para que as decisões levem em consideração os questionamentos e informações de todos os atingidos pela decisão final. Com isso, percebeu-se que quase na maioria dos incidentes analisados houve intervenção de grande número de grupos e associações, porém, não houve tantas manifestações qualificadas.

O que se percebeu foi que os institutos pedem para intervir como *amicus curiae*, mas se manifestam de forma tímida ou, por vezes, apenas no momento de sustentação oral da sessão. O que parece equivocado, pois a grande parte dos relatores já se encontra com o voto pronto nesse momento e já foram convencidos de alguma tese. Sobre isso, Atienza fala que há, dentro do método argumentativo, as questões de discricionariedade:

> Chamo de questões de discricionariedade (em sentido estrito) aquelas que surgem relacionadas com a interpretação um sujeito tem a obrigação de (ou está proibido ou permitido) pode ser estabelecida de antemão (ou não se julga conveniente fazê-lo e por isso se opta por regular a conduta dessa maneira e não mediante normas de ação, ou seja, estabelecendo que, se ocorrem certas circunstâncias, então alguém deve, não deve, ou pode realizar tal ação), é deixada certa liberdade na hora de escolher os meios e inclusive em ocasiões (quando se trata de entre si). O comportamento discricionário é aquele que quem escolher os meios adequados e, em cada caso, ponderar adequadamente aos fins (ATIENZA, 2017, p. 118).

É dentro desse aspecto de ponderar o que é mais adequado que o *amicus curiae* deve ter espaço e apresentar sua argumentação para garantir a melhor decisão para os seus representados. Dos sete incidentes analisados, apenas em um acórdão houve o enfrentamento de todos os argumentos trazidos pelos terceiros. Na oportunidade, o desembargador listou os questionamentos dos quatro sindicatos e associações e utilizou de cada um para fixar sua tese, mesmo em sentido contrário.

O que se percebe, da leitura das manifestações e memoriais dos grupos representativos, é que há uma limitação de apresentação de questões meramente jurídicas. O que é importante, sem dúvidas. Mas, se a grande maioria dos incidentes estão sendo julgadas em posicionamento contrário, é preciso repensar como essa atuação pode ser mais qualificada e ter maior poder de persuasão.

Assim, não se pode, é claro, concluir por uma decisão boa ou ruim, pois, conforme Atienza (2017, p. 122), tem-se que:

> De todo modo, em relação à atividade judicial, o ideal regulativo do Estado de Direito é que as boas decisões sejam precisamente as decisões bem argumentadas. A obrigação de motivar (que vige pelo

menos em relação às decisões de alguma importância) pressupõe o cumprimento de critérios formais (autoritativos e procedimentais) e substantivos tendentes a assegurar que as decisões sejam acompanhadas por uma argumentação – motivação – adequada. E, por outro lado, o cumprimento desses critérios seria a garantia de que uma decisão bem fundamentada não pode ser uma má decisão. Isto é, o juiz que fundamenta suas decisões de acordo com o Direito decide juridicamente bem, mesmo que a decisão possa ser equivocada se considera injusta ou porque não considerou como provado um fato conhecido que viola alguma norma jurídica.

Nesse ponto, percebe-se que não há como traçar um critério fixo para todas as decisões e afirmar categoricamente que a participação dos *amici curiae* irá influenciar sempre de forma favorável. Mas, apesar desse cenário, é possível constatar alguns pontos importantes sobre essa modalidade de intervenção de terceiros.

Em primeiro lugar, a admissão do *amicus curiae* no processo fomentou debates sobre todos os assuntos controvertidos. Mesmo que as decisões finais, em sua maioria, não tenham acolhido suas pretensões, há legitimidade pela ampliação de cognição, pela oportunidade de ouvir outras linhas argumentativas e conhecer aspectos técnicos, mesmo que em pequena quantidade. Isso porque as manifestações sempre acabavam por repetir argumentos jurídicos e trouxeram contribuições semelhantes as que já havia nos processos escolhidos como paradigmas.

Ainda, pode-se falar, também, que há uma inclinação natural a decisões que onerem em menor proporção os cofres públicos, como se depreende dos IRDRs que discutiram a implementação de porcentagens específicas nos vencimentos de uma categoria de servidores públicos. Mesmo com a ampliação dos debates e com a farta argumentação sobre possíveis interpretações das leis ali discutidas, os acórdãos ainda foram, em maioria, no sentido de que esse grupo não fazia jus ao aumento na remuneração.

Entretanto, há também a importância de ampliação do próprio contraditório. Na leitura dos votos finais, é possível perceber que muitos expõem pontos específicos da argumentação trazida pelas entidades representativas e rebatem, alguns de forma mais objetiva e outros, em menor quantidade, de forma detalhada e fundamentada. O que demonstra, nessa linha, a abertura do Tribunal para opiniões divergentes e participações diversas.

Por fim, dentro da análise feita, pode-se perceber que as teses fixadas não são aplicadas de forma imediata e sem a devida modulação. E aqui pode-se dizer que reside uma das maiores contribuições do *amicus curiae:* a continuação do debate para os Tribunais Superiores. Dos sete temas analisados, três ainda possuem teses sendo discutidas no STJ ou STF, demonstrando, portanto, a necessidade de essas entidades participarem para buscarem pacificar entendimento sobre suas controvérsias e esgotarem as vias jurisdicionais de discussão dos pontos que levaram à instauração do IRDR inicialmente.

Assim, pode-se falar que o *amicus curiae* não é, como traz a lei, um amigo da corte. É, na verdade, um amigo de uma das partes e que, por vezes, pode sim atuar como parte e discutir questões processuais e procedimentais dentro desse âmbito. Não é, todavia, um terceiro que será diretamente atingido, pois, em grande maioria, trata-se de uma representação enquanto pessoa jurídica. Mas é um terceiro que defende interesse de uma categoria, e seus argumentos são, por lógica, favoráveis a esse grupo. Não trazem, portanto, argumentos imparciais e meramente técnicos.

O contraponto que se faz, portanto, é de que a figura do *amicus curiae* não pode ser considerada imparcial. É, na verdade, um terceiro que não defende diretamente uma parte, mas atua na defesa de interesses institucionais e de teses jurídicas favoráveis aos seus representados. Percebe-se que a atuação ainda é engessada dentro dos mesmos argumentos, sendo essencial para a maximização dessa figura uma manifestação mais técnica e voltada para questões fáticas, pois estas sempre devem ser levadas em consideração pelo Tribunal.

Outra questão que se mostra é que a ideia de positivar um terceiro com aptidão representativa é algo extremamente relevante, entretanto, é preciso se conscientizar da legitimidade institucional que o *amicus curiae* possui. Pois, ao não trazer argumentações relevantes e inéditas, acaba atuando mais como um advogado da tese, já que ao final, quando a decisão não favorece seus interesses, utiliza-se de recursos e continua a discussão. O que, claro, é permitido nos termos do art. 138, § 3º, do CPC/2015 e demonstra que o *amicus curiae* não necessariamente terá uma manifestação técnica sobre a instituição que representa. Na verdade, a pesquisa empírica revela que a função principal dele acaba sendo a defesa de um interesse de classe.

A análise feita traz aspectos identitários e qualitativos dos *amici curiae* no cenário maranhense. É importante, ainda, compreender a figura a nível nacional e como a adoção do CPC/2015 reconfigura essa participação. Mesmo em um contexto estadual, percebe-se a força que essas intervenções podem fazer dentro do Tribunal e já pressionam, mesmo que recebendo decisões contrárias, um debate mais ampliado das discussões e pugnam, essencialmente, pela participação de todos, elemento essencial para uma sociedade democrática.

3.4 AFINAL: QUEM É O AMIGO DA CORTE? UMA RELAÇÃO ENTRE A PESQUISA FEITA POR DAMARES MEDINA E DÉBORA COSTA NO STF FRENTE AOS DADOS ENCONTRADOS NO TJ/MA

A ideia de fazer uma pesquisa é, sem dúvidas, compreender que ela sempre pode ser melhorada, criticada e, claro, possui sempre aptidão para construir novos olhares sob assuntos importantes. Falar sobre *amicus curiae* sem citar importantes resultados obtidos anteriormente seria algo genérico e limitado. Assim, nesse ponto, necessário se faz analisar as conclusões alcançadas em outras duas pesquisas para demonstrar, inicialmente, como a positivação do *amicus curiae* na legislação processual impactou as relações jurídicas e, posteriormente, como essa figura se destaca em nível estadual e nos processos originários dos Tribunais Superiores.

A primeira pesquisa de grande relevância sobre o tema foi finalizada em 2008 e feita pela Damares Medina em sua dissertação de mestrado no Instituto Brasiliense de Direito Público – IDP. A autora realizou uma pesquisa empírica no Supremo Tribunal Federal e faz importantes considerações sobre essa figura que, à época, ainda não era considerado formalmente um terceiro, mas, tão somente, tinha sua intervenção admitida como interessado. A primeira constatação da autora que se assemelha à encontrada no Maranhão foi a falta de padronização quanto sua admissão:

> (...) constatou-se que os procedimentos adotados pelo Tribunal variam consideravelmente, especialmente nos pedidos de ingresso anteriores às Leis n. 9.868/99 e n. 9.882/99. Muitas vezes o pedido de ingresso é simplesmente juntado, outras tantas é deferido sem que seja determinada a reautuação do processo. Em outros casos o pedido de ingresso é indeferido221, mas a petição é, ainda assim, juntada. Nesses casos, o amicus intervinha formalmente no processo sem que o seu nome constasse dentre os interessados (MEDINA, 2008, p. 121).

Nos incidentes analisados, também não se tem um procedimento formal para admissão das entidades enquanto *amicus curiae.* Mesmo os que foram indeferidos, continuam com suas petições juntadas aos autos, e não há, em alguns, a determinação expressa de quais poderes e qual limite de atuação dessa figura.

Ainda, de forma semelhante aos dados encontrados pela pesquisadora, a maior parte de intervenção é feita por pessoas jurídicas, associações, sindicatos e órgãos de classe. Não se constatou no TJ/MA intervenção de pessoas físicas na qualidade de *amicus curiae,* mas, sempre, como um interessado.

Um aspecto relevante de se considerar é que a autora pontuou em sua pesquisa que acreditava ser maior o número de interessados aptos a intervirem nos processos, mas não havia divulgação sobre os casos de repercussão geral. Segundo ela, "caberá ao Tribunal dar ampla divulgação não apenas do resultado, mas, sobretudo, do início do procedimento no qual se dará o julgamento da repercussão geral, de forma a viabilizar a participação de terceiros interessados" (MEDINA, 2008, p. 133).

Atualmente, já se criou o NUGEP, a partir de resolução do CNJ, que é um núcleo que possui entre suas funções a obrigatoriedade de divulgação desses processos repetitivos e de gerenciamento dos precedentes. Ou seja, há ampla comunicação a todos os interessados e demais juízes vinculados de instâncias inferiores. Tanto que nos processos físicos do Maranhão verifica-se uma grande quantidade de ofícios enviados a todos sobre os processos discutidos em IRDR e IAC.

Ao final, analisando ações constitucionais de competência originária do STF (ADC, ADPF e ADI), a autora constata empiricamente que, nas ações julgadas do modelo concentrado em que se identificou alguma intervenção de *amicus curiae*, houve aumento de 22% de conhecimento da ação e de 8,4% de procedência (MEDINA, 2008, p. 136).

> O instrumento é utilizado, essencialmente, por entidades associativas, que oferecem memoriais com três tipos de informação: reforço a argumentações jurídicas já presentes no processo; elementos técnicos não legais ou dados sobre de fatos e prognoses; e indícios acerca das preferências políticas do grupo de interesses que representam (MEDINA, 2008, p. 179).

No Maranhão, não se verificaram nas manifestações aspectos técnicos, mas a grande maioria delas utilizavam a técnica do reforço de argumentações jurídicas já trazidas aos processos paradigmas anteriormente. Verifica-se, portanto, que este pode ser um indício de porque não se pode falar, a nível estadual, que a presença do *amicus* necessariamente influenciará as decisões para determinados grupos.

Conclui, ao final, que há influência do *amicus curiae* nas decisões do STF, sendo o polo por ele apoiado o mais favorecido. Para isso, a autora ressalta que "duas questões afiguram-se relevantes: o papel da informação no processo de tomada de decisões judiciais em casos complexos e o equilíbrio processual, na perspectiva do oferecimento de alternativas interpretativas por terceiros interessados" (MEDINA, 2008, p. 168). E afirma:

> Ao intervir no processo, o *amicus curiae* provoca um redesenho dos vetores informacionais que irão conformar o processo de tomada de decisão judicial. Se o ingresso do amicus se der em apoio a ambos os lados da controvérsia constitucional pode não haver desvantagem informacional para nenhuma das partes, uma vez que o acréscimo informacional em um dos polos do processo pode ser compensado pelo aumento informacional do lado oposto (MEDINA, 2008, p. 175).

Esse aspecto informacional é extremamente relevante e garante a pluralização dos debates e a abertura procedimental já discutida por Peter Häberle em sua teoria. A ideia é, de fato, garantir que a jurisdição constitucional seja cada vez mais democrática e participativa, dando voz a todos os grupos e todos os destinatários da lei.

Por outro lado, a autora Débora Costa também realizou sua pesquisa no STF e traçou a seguinte metodologia:

> Nessa análise, estabeleceu-se o pressuposto de que a corte utiliza a figura do *amicus curiae* estrategicamente, quando cita com maior frequência os participantes que proporcionem maior incremento de legitimidade perante a opinião pública, mas considera efetivamente as posições dos atores que possuem maior poder de barganha institucional ou maior credibilidade na provisão de informações e argumentos jurídicos úteis, gerando os seguintes padrões: (i) o *amicus curiae* corporativo não é citado, nem influencia na decisão final; (ii) o *amicus curiae* governamental não é citado, mas influencia na decisão final; e (iii) o *amicus curiae* representante da sociedade civil é citado, mas não influencia na decisão final (FERREIRA, 2017, p. 89).

A autora limitou sua pesquisa as ações de controle concentrado no lapso temporal de 1990 a 2017 e a partir dela constatou que "a Suprema Corte faz o uso estratégico da figura do *amicus curiae*, de modo a retirar maior proveito possível dessa participação, de acordo com o que cada participante possa lhe oferecer, desde que esse também reste satisfeito com o tratamento que lhe é conferido" (FERREIRA, 2017, p. 110). Ainda, continua:

> No presente caso, há evidências empíricas de que isso repercute em padrão em que o STF cita mais daqueles tipos que tragam maior apoio difuso para a corte perante a opinião pública (*amicus curiae* representantes da sociedade civil) e se deixa influenciar mais por participantes com maior poder de barganha institucional e credibilidade argumentativa e informacional (*amicus curiae* governamentais), sendo que a citação não leva à maior chance de influência na decisão final. Destarte, alcançou-se o objetivo estabelecido de analisar como se dá e o que motiva a interação entre STF e os *amici curiae*. Assim, conclui-se que a Suprema Corte tem escolhido seus amigos de forma bem consciente, apesar de ainda continuar veiculando os discursos tradicionais de pluralização do debate constitucional e de ampliação da cognição do juízo. Não obstante,

conserva-se a cumplicidade com seu amigo de mais longo prazo: o Procurador-Geral da República, o qual, há tempos se dedica à produção de consistentes análises jurídicas e à apresentação consolidada de precedentes da corte pertinentes à questão constitucional em debate. Além disso, o diagnóstico da crescente expansão dessa participação no decorrer do tempo, da ampla variação de tratamento do *amicus curiae* entre diferentes relatores e das estratégias de atuação conjunta entre os *amici curiae* traz mais clareza à funcionalidade prática atual desses amigos, em um ambiente eminentemente estratégico (FERREIRA, 2017, p. 110).

A partir dos resultados empíricos, Débora Costa traça importantes aspectos sobre a figura do *amicus curiae* de forma geral. A pesquisa dela mostra, inicialmente, que "por trás da incorporação doutrinária, legal e jurisprudencial da figura do *amicus curiae* no Brasil está a premissa de que tal mecanismo de abertura processual possui as prementes funções (i) de conferir legitimidade democrática à jurisdição constitucional e (ii) de ampliar a cognição do juízo" (FERREIRA, 2017, p. 32).

Em relação ao primeiro ponto, é preciso colocar que apenas a pluralização "não implica necessariamente na exigência de apresentação de argumentos, fatos e informações pertinentes por parte dos que participam" (FERREIRA, 2017, p. 42). E isso é verificável nas manifestações dos *amici* curiae no TJ/MA; nem todos os participantes ingressam para acrescentar informações relevantes ao processo. De acordo com a autora:

> Isso ocorrerá, em geral, com os *amici curiae* não afetados pela decisão, porquanto não terão, provavelmente, informações privilegiadas acerca de elementos fáticos e técnicos do caso. Por isso, aos julgadores só caberia a expectativa de contribuírem com seu posicionamento. Em outras palavras, a mera possibilidade de externalizar a sua posição no debate já realiza o fim democrático a que se destina a participação do *amicus curiae* nesse caso, que será levada em conta em razão do seu peso social e não pela relevância dos seus argumentos (FERREIRA, 2017, p. 42).

Ou seja, admitir qualquer entidade enquanto *amicus curiae* não é a solução para trazer mais legitimidade as decisões, isto porque "a admissão de todas as participações de agentes com representatividade social diminui a factibilidade de que os argumentos úteis eventualmente trazidos pelos *amici curiae* sejam identificados e incorporados às razões de decisão" (FERREIRA, 2017, p. 43). É claro, todavia, que a motivação desses terceiros é sempre de participar com objetivo de influenciar na decisão para os seus representados serem favorecidos de alguma forma. Sobre isso, alerta a autora:

> O primeiro fator que motiva os *amici curiae* a participarem do processo é a expectativa de que sua atuação terá probabilidade não nula de influenciar a decisão na jurisdição constitucional no sentido da obtenção de interpretação favorável, cuja obrigatoriedade lhe trará benefícios ou evitará prejuízos. No caso, a influência na decisão final pode ser obtida pela mera entrada no processo – beneficiando-se de seu poder de barganha institucional ou outra característica que lhe seja intrínseca – ou pela produção de argumentos e informações consistentes e úteis para a resolução da controvérsia constitucional (FERREIRA, 2017, p. 63).

Assim, a autora, analisando os resultados da participação no STF, chegou a uma solução importante para essa questão e que já havia sido levantada no presente trabalho anteriormente:

> Nesse contexto, fator determinante para analisar o quadro de assimetria informacional é o fato de que os atores não são obrigados a juntarem os memoriais que pretendem veicular no momento em que requerem o ingresso como *amicus curiae*. Há situações, inclusive, que esses participantes, após admitida a sua entrada sequer apresentam memoriais, o que não se coaduna com o objetivo de expansão do campo informacional da corte. Nessa conjuntura, o relator da ação tem que tomar a decisão sobre a admissão ou não do agente, sem qualquer sinalização clara quanto à sua capacidade de trazer argumentos e dados úteis à resolução da controvérsia, exceto pela credibilidade argumentativa e informacional do tipo no qual se insere o peticionário. Trata-se, como já explicado, de mecanismo insuficiente de sinalização, que gera ineficiência no sistema de triagem informacional (FERREIRA, 2017, p. 74).

Percebe-se, portanto, que os dados do Supremo Tribunal Federal demonstram que há uma prevalência da argumentação estatal e que a atuação do *amicus* é sempre de forma estratégica. E, diante de um caso de assimetria informacional, o Estado sempre tem argumentos levados em consideração ao final das decisões. Algo que foi igualmente percebido dentro do TJ/MA, pois, exemplificadamente, os processos que trariam maior ônus para os cofres públicos foram decididos de maneira a não permitir que os percentuais remuneratórios fossem implementados aos vencimentos dos servidores públicos.

Pode-se falar que a conclusão da autora é no sentido de que "não cabe mais alegar a ingenuidade de uma amizade desinteressada contra a seletividade que os dados revelam" (FERREIRA, 2017, p. 111). Entretanto, apesar dos dados pesquisados e da linha estratégica demonstrada no STF, é preciso fazer as devidas ponderações quando se comparam os dados obtidos lá com os números do Tribunal de Justiça do Maranhão.

É claro que há diferença entre as discussões, mas, assim como há discussão de interpretação das leis nas ações constitucionais, nos IRDRs também há divergências sobre como a lei pode ser aplicada em determinados casos. Há, também, grande relevância entre os objetos levados aos Tribunais Superiores e os discutidos nos incidentes estaduais, vez que ambos afetarão a coletividade de alguma forma.

Entretanto, quando se analisa um incidente de resolução de demandas repetitivas ou de assunção de competência, tem-se o diferencial da necessidade de uniformização de jurisprudências após muitas divergências. Há uma evidente necessidade de respeito não só à segurança jurídica, mas, também, à isonomia. Não suficiente, existe uma importante contribuição dos *amici curiae* nesses incidentes:

> (...) a coletivização das demandas pode afrontar os princípios do contraditório, da ampla defesa e da paridade de armas ao imputar a quaisquer pessoas efeitos de decisão de processos aos quais não figuraram como parte, seja pelo efeito de vinculação obrigatória que poderá ser atribuído a decisão, seja pelo valor persuasivo do precedente formado. Nessa conjuntura o *amicus curiae* se mostra como ferramenta processual adequada a resguardar o contraditório e o princípio da cooperação nos processos nos quais as decisões extrapolam os litigantes diretos nos processos, seja pelo efeito de

vinculação obrigatória que poderá ser atribuído a decisão, seja pelo valor persuasivo do precedente formado (ROCHA, 2017, p. 91).

Dessa forma, a partir da pesquisa empírica, refuta-se a ideia de que a parte defendida pelo *amicus curiae* terá, necessariamente, sua demanda julgada favorável. Entretanto, a presença dessa figura, ora estratégica para Corte, ora amiga das partes, representa um verdadeiro respeito aos princípios processuais e garante a possibilidade de que os grupos sociais tenham voz e possam se manifestar sobre decisões que afetarão suas vidas de alguma maneira.

Não precisa existir garantia de influência, mas é importante existir uma figura que obrigue o Tribunal a levar em consideração como a sociedade pode ser afetada por uma decisão, sob pena de recursos e nulidades. Afinal, a fundamentação adequada é um dever expresso em lei e nesse ponto se faz necessário maximizar a importância desse terceiro no processo, pois o juiz precisa enfrentar os argumentos ali suscitados, pois devem ser questões novas, técnicas e diversas das que já estavam nos autos.

Destaca-se, portanto, que o *amicus curiae* é um instrumento de garantia democrática, pois é o meio pelo qual se pode trazer alternativas para interpretação das leis. E, apesar de uma figura ainda tímida dentro da legislação processual, possui enorme aptidão para ampliar o contraditório, e seus argumentos devem sempre ser considerados e analisados de forma adequada. A ideia de Häberle (2002) era exatamente demonstrar a legitimidade da sociedade para essa ampliação, pois, como já dito, quem é destinatário da lei também merece participar da intepretação desta.

Considerações Finais

A ideia primordial do presente trabalho nunca foi, simplesmente, responder a um problema de pesquisa, mas, sobretudo, traçar novas perspectivas para que as inquietações não se esgotem ao final, e continuem, na verdade, a partir de novas hipóteses e novos olhares sobre as alterações que impactam de forma relevante a sociedade brasileira.

Inicialmente, realizou-se uma abordagem sobre a mudança da legislação processual em 2015 e como os dispositivos inseridos buscavam uma adequação com a Constituição Federal de 1988. A partir da promulgação do CPC/2015, novos incidentes foram incorporados ao sistema processual, e buscou-se analisar como esses instrumentos poderiam garantir o respeito a princípios fundamentais, como o da segurança jurídica e da isonomia, através da ampliação da participação popular nos processos decisórios dentro do Poder Judiciário.

A obrigatoriedade de observância dos precedentes trazida pelo CPC/2015 representou um importante avanço no que diz respeito à previsibilidade e à garantia de coerência e integridade das decisões judiciais. Não suficiente, a mudança na legislação concretizou importantes aspectos de um Estado Democrático de Direito, entre eles, a proteção jurídica de garantias fundamentais.

O primeiro capítulo do trabalho trouxe aspectos sobre ampliação dos mecanismos de interpretação da lei, destacando o incidente de assunção de competência e o incidente de resolução de demandas repetitivas como instrumentos aptos a uniformizarem a jurisprudência dos Tribunais e onde se encontraram as maiores ampliação de participação através dos *amici curiae* e realização de audiências públicas.

Assim, no segundo capítulo, iniciou-se a introdução da figura do *amicus curiae* como uma modalidade de intervenção que já existia no Brasil em legislações espaças, mas somente no CPC/2015 foi positivado como um terceiro. Para compreensão de como esse instrumento apareceu no Brasil, recorreu-se ao direito comparado, pois trata-se de uma intervenção já existente há certo tempo dentro do direito norte-americano e europeu.

Percebeu-se aqui que o *amicus*, apesar de positivado como terceiro, tem uma função distinta dos demais países, pois não se assemelha as entidades governamentais como nos Estados Unidos ou a um simples auxiliar da Corte nas decisões, como no direito inglês. O interesse dessa figura, no Brasil, em tese, perpassa, unicamente, pela vontade de trazer aspectos relevantes para o julgamento e influenciá-lo.

Analisando o contexto histórico do nascimento da figura do *amicus curiae* e sua importação para o direito brasileiro, conclui-se que esse terceiro foi sendo ressignificado e hoje possui características peculiares. Isso porque a lei condiciona sua intervenção à legitimidade. Ou seja, a imparcialidade é mitigada desde sua admissão, vez que, logicamente, o interesse dessa figura será a defesa dos seus representados – em grande parte, as pessoas que serão afetadas pela decisão do Tribunal de alguma forma.

Nesse ponto, o marco teórico surge como pano de fundo para análise de como o *amicus curiae* tem aptidão para democratizar os debates e ampliar a participação. A teoria utilizada foi a de Peter Häberle, que escreve sobre como a jurisdição constitucional deve ser aberta para todos os destinatários da lei. Segundo o autor, quem vive sob a égide de uma Constituição tem legitimidade para interpretá-la. A partir disso, a relação com a figura do *amicus* torna-se clara, pois trata-se de um instrumento encontrado pelo legislador para que as pessoas possam ter acesso ao Poder Judiciário com suas manifestações sobre os objetos ali colocados em litígio, mesmo que não sejam diretamente partes no processo.

Diante desse arcabouço teórico, o terceiro capítulo destinou-se a uma pesquisa empírica dentro do Tribunal de Justiça do Estado do Maranhão. Pesquisaram-se todos os incidentes de resolução de demandas repetitivas e os de assunção de competência admitidos desde a vigência do CPC/2015 até agosto de 2020 para, a partir de uma metodologia de análise argumentativa, verificar até que ponto as manifestações dos *amici curiae* influenciaram nas decisões e ampliaram os debates.

A hipótese traçada era de que essa figura dentro do TJ/MA ainda tinha uma aparição tímida e, de fato, constatou-se isso. Dos sete temas analisados nos IRDRs, a maior parte foi julgada de forma contrária aos interesses defendidos pelos *amici curiae.* Não suficiente, a maioria das entidades e sindicatos apenas solicitaram seu ingresso, deixando de trazer aspectos novos ou técnicos sobre as questões controvertidas.

Apenas um acórdão, dos sete analisados, enfrentou todos os argumentos trazidos pelos *amici curiae,* e somente em dois incidentes verificou-se uma participação mais ativa desses terceiros, através de memoriais, manifestações e solicitação de documentos importantes para o deslinde da causa. Em relação aos IACs, em apenas um houve intervenção de *amicus curiae,* e a tese fixada foi contrária aos interesses do sindicato que ingressou como terceiro.

Uma constatação importante, mas que se desvirtua da função legal do *amicus curiae,* foi que eles acabam sendo advogados, pois trazem apenas elementos jurídicos e atuam sempre recorrendo das decisões que não foram favoráveis aos seus representados. Ou seja, há uma função majoritariamente retórica, e não técnica ou imparcial. Assim, não se trata de um terceiro com aptidão apenas para trazer questões distintas das que já existiam no processo ou inéditas, mas, sim, de um terceiro que acabou se tornando um colaborador das partes com mais representatividade.

É nesse ponto que se tem a expressa relação do *amicus curiae* com a teoria da sociedade aberta de Häberle. O autor afirma (2002, p. 55) que é preciso "constitucionalizar formas e processos de participação" e coloca que o processo de interpretação deve ser político e diverso. Assim, apesar da previsão do *amicus curiae* não ser expressamente na Constituição Federal, não deixa de ser relevante e atingir os propósitos democráticos traçados por Häberle, pois garante participação plural e diversificada através de intervenções dentro do âmbito processual.

Ao final do trabalho, para ampliar a discussão, realizou-se um estudo comparado com outras duas pesquisas sobre o mesmo assunto, uma realizada em 2008 pela Damares Medina e outra finalizada em 2017 pela Débora Costa Ferreira; ambas apresentaram seus resultados em suas dissertações de Mestrado no IDP. Percebeu-se que, apesar das duas pesquisadoras terem suas análises voltadas para as ações constitucionais no STF, há semelhanças entre as intervenções, porque a figura do *amicus curiae* acabou sendo um instrumento encontrado para trazer opiniões e fomentar os debates dentro do Poder Judiciário.

Tinha-se como hipótese, também, que a intervenção de um terceiro participativo no processo traria mais legitimidade para as decisões. Mas entendeu-se que a simples intervenção, sem qualidade nas manifestações, não tem aptidão para legitimar decisões. De todo modo, a importância dessa figura não se externaliza apenas na legitimação, mas, acima disso, é um meio pelo qual grupos sociais conseguem ter suas vozes ouvidas, já que podem ser afetados pela decisão de um incidente.

Ao fim, o que é relevante perceber é que a figura tem uma função bem definida em lei e, na prática, se constata que é diferente. Não há, como já dito, imparcialidade. Tampouco, ingresso para prestar informações técnicas. Nos dizeres de Débora Costa Ferreira (2017), a figura pode sim ter uma atuação estratégica para a Corte. Mas pode também ser amiga das partes. Isso não minimiza a importância do *amicus curiae*, pelo contrário, demonstra a necessidade de garantir a ampliação dessa participação para que ela cresça e mais entidades se sintam compelidas a defenderem seus interesses institucionais.

A qualidade da intervenção dos *amici curiae* precisa ser ampliada, e isso perpassa pela valorização dessa figura e pela demonstração de inclinação do Tribunal em dar voz a esses terceiros. A ideia de positivar esse instrumento na legislação processual não foi garantir que seus interesses sejam sempre atingidos, mas, sim, garantir que eles tenham, pelo menos, oportunidade de serem ouvidos. Afinal, o Poder Judiciário não precisa de amigos, mas a sociedade, através dos seus amigos, precisa se aproximar dos órgãos institucionais e sentir que sua participação é valorizada.

Referências

ABBOUD, Georges. Controle difuso de constitucionalidade. **Enciclopédia jurídica da PUC-SP**. Celso Fernandes Campilongo, Alvaro de Azevedo Gonzaga e André Luiz Freire (coords.). Tomo: Direito Administrativo e Constitucional. Vidal Serrano Nunes Jr., Maurício Zockun, Carolina Zancaner Zockun, André Luiz Freire (coord. de tomo). 1. ed. São Paulo: Pontifícia Universidade Católica de São Paulo, 2017. Disponível em: https://enciclopediajuridica.pucsp.br/verbete/56/edicao-1/controle-difuso-de-constitucionalidade. Acesso em: 25 jun. 2020.

AMARAL, Felipe Marinho. Intervenção de terceiros nos incidentes de formação de precedentes / *Third party intervention in incidents of judicial previous decisions*. **RFD – Revista da Faculdade de Direito da UERJ**, [S.l.], n. 26, p. 74-94, dez. 2014. ISSN 2236-3475. Disponível em: https://www.e-publicacoes.uerj.br/index.php/rfduerj/article/view/7418/10753. Acesso em: 13 maio 2020. doi: https://doi.org/10.12957/rfd.2014.7418.

AMORIM, Luís Carlos Luís de Sousa. O *amicus curiae* e o assistente simples na construção do precedente. **Revista de Processo, Jurisdição e Efetividade da Justiça**, v. 4, n. 1, p. 203-219, 2018. Disponível em: https://indexlaw.org/index.php/revistaprocesso-jurisdicao/article/view/4447. Acesso em: 22 ago. 2020.

ATIENZA, Manuel. **Curso de argumentação jurídica**. Trad: Claudia Roesler. Curitiba: Alteridade, 2017. 254p.: il.; 21cm (Coleção Direito, Retórica e Argumentação, v. 1).

BRANCO, Paulo Gustavo Gonet. **Juízo de ponderação na jurisdição constitucional**. São Paulo: Saraiva, 2009.

BRASIL. **Lei n. 13.105, 16 de março de 2015**. Disponível em: http://www.planalto.gov.br/ccivil_03/_ato2015-2018/2015/lei/l13105.htm. Acesso em: 25 jun. 2020.

________. **Lei n. 9.279, de 14 de maio de 1996.** Disponível em: http://www.planalto.gov.br/ccivil_03/leis/l9279.htm. Acesso em: 25 jun. 2020.

________. **Lei n. 6.385, 7 de dezembro de 1976.** Disponível em: http://www.jusbrasil.com.br/legislacao/anotada/2405543/art-31-da-lei-6385-76. Acesso em: 25 jun. 2020.

________. **Lei n. 8.884, de 11 de junho de 1994.** Disponível em: http://www.planalto.gov.br/ccivil_03/leis/l8884.htm. Acesso em: 25 jun. 2020.

________. **Lei n. 9.868, de 10 de novembro de 1999.** Disponível em: http://www.planalto.gov.br/ccivil_03/leis/l9868.htm. Acesso em: 25 jun. 2020.

BUENO, Cássio Scarpinella. ***Amicus curiae* no processo civil brasileiro:** um terceiro enigmático. São Paulo: Saraiva, 2012.

CABRAL, Antonio do Passo. Pelas asas de Hermes: a intervenção do *amicus curiae*, um terceiro especial. **Revista de Direito Administrativo**, Rio de Janeiro, v. 234, p. 111-142, out. 2003. ISSN 2238-5177. Disponível em: http://bibliotecadigital.fgv.br/ojs/index.php/rda/article/view/45149. Acesso em: 13 maio 2020. doi: http://dx.doi.org/10.12660/rda.v234.2003.45149.

DA SILVA, Larissa Clare Pochmann. **O *amicus curiae* no (novo) processo civil brasileiro**, 2012.

DEL PRÁ, Carlos Gustavo Rodrigues. ***Amicus curiae:* instrumento de participação democrática e de aperfeiçoamento da prestação jurisdicional** – 1. ed. (ano 2007), 1ª reimp. Curitiba: Juruá, 2011.

DE LUCCA, Rodrigo Ramina. **O dever de motivação das decisões judiciais**. Salvador: JusPodivm, 2016.

DIDIER JR., Fredie. Sistema brasileiro de precedentes judiciais obrigatórios e os deveres institucionais dos tribunais: uniformidade, estabilidade, integridade e coerência da jurisprudência. **Revista da Faculdade Mineira de Direito**, v. 18, n. 36, p. 114-132, 2015.

_______; CUNHA. Leonardo Carneiro da. **Curso de direito processual civil:** o processo nos tribunais, recursos, ações de competência originária de tribunal e *querela nullitatis*, incidentes de competência originária de tribunal. 13. ed. Salvador: JusPodivm, 2016. v. 3.

DO ROSÁRIO, Luana Paixão Dantas. *Amicus curiae*: instituto processual de legitimação e participação democrática no judiciário politizado. **Revista da FAE**, v. 12, n. 2, 2009.

FERREIRA, Débora Costa. **De quem a corte quer ser amiga?: análise estratégica da funcionalidade do *amicus curiae*.** 2017. 119 f. Dissertação (Mestrado Acadêmico em Direito Público) – Instituto Brasiliense de Direito Público. Brasília: IDP/ EDB, 2017.

GIL, Antônio Carlos. **Como elaborar projetos de pesquisa**. 4 ed. São Paulo: Atlas, 2002.

GOMES, Matheus Barreto. **Precedentes judiciais legitimação pelo procedimento**. 2009. 179 f. Dissertação (Mestrado) – Curso de Direito, Programa de Pós-graduação em Direito da Ufba, Universidade Federal da Bahia, Salvador, 2009. Disponível em: http://repositorio.ufba.br/ri/handle/ri/10761. Acesso em: 2 jun. 2020.

HÄBERLE, Peter. Hermenêutica constitucional. **A sociedade aberta de intérpretes da Constituição:** contribuição para a interpretação pluralista e "procedimental" **da Constituição**. Trad. Gilmar Ferreira Mendes. Porto Alegre: Sergio Antonio Fabris, 2002.

LEAL, Mônia Clarissa Hennig. Jurisdição constitucional aberta: a abertura constitucional como pressuposto de intervenção do *amicus curiae* no direito brasileiro. **Direito Público**, v. 5, n. 21, 2008.

MARANHÃO. Tribunal de Justiça do Estado do Maranhão. **Incidente de Resolução de Demandas Repetitivas. Processo 0001689-69.2015.8.10.0044**. Relator: Paulo Sérgio Velten Pereira. 14 ago. 2017.

________. Tribunal de Justiça do Estado do Maranhão. **Incidente de Resolução de Demandas Repetitivas. Processo 0003916-33.2016.8.10.0000**. Relator: José de Ribamar Castro. 28 ago. 2017.

________. Tribunal de Justiça do Estado do Maranhão. **Incidente**

de Resolução de Demandas Repetitivas. Processo 0008456-27.2016.8.10.0000. Relator: Paulo Sérgio Velten Pereira. 13 jul. 2008.

______. Tribunal de Justiça do Estado do Maranhão. **Incidente de Resolução de Demandas Repetitivas. Processo 0008932-65.2016.8.10.0000.** Relator: Jaime Ferreira de Araújo. 10 ago. 2018.

______. Tribunal de Justiça do Estado do Maranhão. **Incidente de Resolução de Demandas Repetitivas. Processo 0000340-95.2017.8.10.0000.** Relator: Paulo Sérgio Velten Pereira. 28 ago. 2018.

______. Tribunal de Justiça do Estado do Maranhão. **Incidente de Resolução de Demandas Repetitivas. Processo 0004884-29.2017.8.10.0000.** Relator: Jamil de Miranda Gedeon Neto. 23 ago. 2019.

______. Tribunal de Justiça do Estado do Maranhão. **Incidente de Resolução de Demandas Repetitivas. Processo 0801095-52.2018.8.10.0000.** Relator: Vicente de Paula Gomes de Castro. 7 maio 2019.

______. Tribunal de Justiça do Estado do Maranhão. **Incidente de Assunção de Competência. Processo 0007440-72.2015.8.10.0000.** Relator: Jamil de Miranda Gedeon Neto. 16 fev. 2017.

______. Tribunal de Justiça do Estado do Maranhão. **Incidente de Assunção de Competência. Processo 0049106-50.2015.8.10.0001.** Relator: Paulo Sérgio Velten Pereira. 23 maio 2019.

MARINONI, Luiz Guilherme. Sobre o incidente de assunção de competência. **Revista de Processo**, p. 233-256, 2016.

______. O precedente na dimensão da segurança jurídica. **A força dos precedentes**. Coord: MARINONI, Luiz Guilherme. Salvador: JusPodivm, 2010.

MEDINA, Damares. **Amigo da corte ou amigo da parte?** *Amicus curiae* no Supremo Tribunal Federal. Brasília, 2008, 214f. – Dissertação (Mestrado). Instituto Brasiliense de Direito Público.

MELLO, Patrícia Perrone Campos; BARROSO, Luís Roberto. Trabalhando com uma nova lógica: a ascensão dos precedentes no direito brasileiro. **Revista da AGU**, v. 15, n. 3, p. 9-52, 2016.

MENDES, Gilmar Ferreira; DO VALE, André Rufino. O pensamento de Peter Häberle na jurisprudência do Supremo Tribunal Federal. **Observatório da Jurisdição Constitucional**, v. 1, n. 1, 2009.

MUSZKAT, André. **Uniformização da jurisprudência no Direito Processual Civil Brasileiro**. 2018. 121 f. Dissertação (Mestrado em Direito) – Programa de Estudos Pós-Graduados em Direito, Pontifícia Universidade Católica de São Paulo, São Paulo, 2018.

NICÁCIO, C. S.; VIDAL, J. S.; VIANA, M. F. D. Participação e mobilização do direito no novo CPC: o *amicus curiae* e a defesa das minorais. In: NICÁCIO, Camila Silva; GUSTIN, Miracy Barbosa de Sousa; LOPES, Mônica Sette (org.). Eficiência, eficácia, efetividade. **Velhos desafios ao novo Código de Processo Civil.** Belo Horizonte: Initia Via, 2016. v. 1, p. 173-198.

PEIXOTO, Ravi. **Superação do precedente e segurança jurídica.** Salvador: Juspodivm, 2015. p. 201.

ROCHA, Victor Yuri Brederodes da. ***Amicus curiae* para quê?** O papel do *amicus curiae* na função jurisdicional e seus desafios à luz do novo Código de Processo Civil de 2015. 2017. Dissertação (Mestrado) – Universidade Católica de Pernambuco. Programa de Pós-graduação em Direito. Mestrado em Direito, 2017.

SOUZA, Nevitton Vieira; MENEZES, Pedro Henrique Da Silva. Democratização do debate judicial: o protagonismo do *amicus curiae.* **Derecho y Cambio Social**, v. 11, n. 38, p. 7, 2014.

STRECK, Lenio Luiz. Por que agora dá para apostar no projeto do novo CPC. **Revista Consultor Jurídico**, v. 21, p. 2, 2013.

________. Novo CPC terá mecanismos para combater decisionismos e arbitrariedades. **Revista Consultor Jurídico**, v. 18, p. 7, 2014.

________. O novo Código de Processo Civil (CPC) e as inovações hermenêuticas. O fim do livre convencimento e a adoção do integracionismo dworkiniano. **Revista de Informação Legislativa**. Brasília, ano 52, n. 206, p. 33-51, abr./jun. 2015.

VELOSO, Maria Carolina Oriá. **O dever de motivação na construção do precedente judicial: uma análise crítica à luz do artigo 489, § 1º do CPC/2015.** 2018. Trabalho de Conclusão de Curso. Disponível em: https://repositorio.ufpe.br/handle/123456789/24432. Acesso em: 16 jun. 2020.